Sept 06

Belle T.

N'oublie jamais
que je t'aime

Maloulou
x x x x x

C'EST QUOI LE PROBLÈME

L'auteure remercie les jeunes qui ont contribué à la réalisation
de ce livre en lui faisant part, avec beaucoup de générosité et d'originalité,
de leurs commentaires : Alain, Caroline, Catherine, Claire, Frédéric,
Jérôme, Liliane, Louis, Martine, Rachelle, Simon, Véronica et Vincent.
Des remerciements vont également à : Lucie Chénard, Lysanne Fallu,
Marthe Hamel, Mario Belzile, Nicole Saint-Jean et Micheline Fréchette
pour leurs précieux conseils et leur collaboration.
Ce livre a été écrit grâce à la contribution financière
de la Direction de la Santé publique - région 01.

Mise en page et maquette de couverture : Bruno Lamoureux
Illustrations de la couverture et de l'intérieur : Yayo

**Données de catalogage avant publication (Canada)**
Duchesne, Monique
C'est quoi le problème ? Adolescence : mode d'emploi
ISBN 2-7621-2205-8
1. Adolescents - Psychologie.
2. Amour chez l'adolescent.
3. Relations humaines chez l'adolescent.
4. Adolescents - Sexualité.
I. Caron-Bouchard, Monique.
II. Yayo.
III. Titre.
BF724.D76 2000155.5C00-941053-8
Dépôt légal : 4e trimestre 2000
Bibliothèque nationale du Québec
© Éditions Fides, 2000

Les Éditions Fides remercient le ministère du Patrimoine canadien du soutien qui leur est
accordé dans le cadre du Programme d'aide au développement de l'industrie de l'édition.
Les Éditions Fides remercient également le Conseil des Arts du Canada et la Société de
développement des entreprises culturelles du Québec (SODEC).

IMPRIMÉ AU CANADA

MONIQUE DUCHESNE

avec la collaboration de Monique Caron-Bouchard

# Adolescence mode d'emploi

FIDES

# Introduction

L'adolescence est une période excitante où l'on vit, pour la première fois, une foule d'expériences. Un vrai laboratoire, avec des questions qui parasitent le cerveau pendant des jours et des jours ! Avec des idées parfois si semblables ou si opposées à celles des autres. Avec des bouillonnements dans le sang à la vue d'une paire de jambes. Avec l'impression aussi d'être souvent seul au monde. On réalise alors que vivre avec les autres — et avec soi-même — c'est parfois l'enfer, mais cela peut être si agréable aussi ! C'est une question d'observation, d'expérimentation et d'évaluation. Eh oui ! L'adolescence est un vrai laboratoire !

C'est pour fournir des pistes de réflexion sur cette étape importante de la vie que j'ai imaginé Dave, Clara, Karim, Isabelle et les autres, dans une vingtaine d'aventures qui les amènent à découvrir leurs forces et leurs faiblesses, à faire les choix qui leur conviennent et à apprécier qui ils sont.

Après tout, l'adolescence, ce n'est pas un problème !

**MONIQUE DUCHESNE**

# Présentation

Une bande de huit jeunes garçons et filles d'un même quartier se retrouvent presque tous les jours :

**CLARA** l'amoureuse, c'est elle. Ah, l'amour ! Elle en rêve et en parle. Surtout avec Julien qui préférerait parfois qu'elle fasse plus qu'en parler.

**DAVE** c'est le genre relax qui sait apprécier le plaisir sous toutes ses formes. Peu de choses ou de gens peuvent l'embarrasser ou le faire sortir de ses gonds. Sauf Valérie, peut-être.

ISABELLE l'exploratrice, n'a pas
peur des crocs-en-jambe de la vie. Au
contraire ! C'est ainsi qu'elle se cherche... et se
découvre, même si quelquefois ça fait mal.

JACK lui, est un penseur. Mais il a
beaucoup de questions pour peu de
réponses. Confortablement allongé
sur son lit, les écouteurs sur les
oreilles, son cerveau et son cœur fonc-
tionnent au rythme de la musique et de
ses inquiétudes.

KARIM est déterminé et ALEX, hésitant.
Comme on les voit rarement l'un sans
l'autre, c'est ensemble qu'ils ont demandé à
être présentés. Ajoutons que Karim et Alex,
tous les deux de très grands communica-
teurs, sont des adeptes du téléphone.

PHILIPPE est impulsif. Il se met souvent les pieds dans la colle. Surtout à cause des filles. Heureusement que Karim et Alex sont là pour l'aider. Mais quand, entre deux respirations, il prend le temps de réfléchir, il se débrouille plutôt bien.

VALÉRIE est colérique. Il ne faut surtout pas lui écraser les orteils. Elle croit qu'il y a une solution à chaque problème et elle ne lésine pas sur les moyens pour parvenir à ses fins. Heureusement que Dave ne s'énerve pas pour rien !

# Le solitaire

« Eh ! il est sept heures, dépêche-toi ! Ça fait dix minutes qu'on t'attend », dit Alex à Philippe en raccrochant.

C'était presque une tradition. Tous les samedis soir, Philippe, Alex et Karim allaient au cinéma. Selon leur humeur et la programmation, ils choisissaient un film d'aventure ou de science-fiction. Immanquablement, ils finissaient la soirée dans un restaurant à dévorer des sandwichs, en se rappelant les meilleures scènes. Le budget de la semaine y passait, mais ces soirées en valaient la peine.

Depuis quelques temps, Alex était en amour avec Sophie et elle les accompagnait dans leurs sorties. Cela n'avait aucunement dérangé Philippe : quand les deux amoureux s'embrassaient, il parlait avec Karim. Et puis il pouvait ainsi observer comment un gars se comporte avec sa blonde.

Mais ce dernier samedi, Karim aussi était accompagné d'une fille. En marchant pour se rendre au cinéma avec ses amis, Philippe s'aperçut qu'il n'éprouvait pas autant de plaisir que d'habitude. Pendant que les deux couples bavardaient ensemble, il demeurait seul en arrière. Il se sentait de trop.

—Philippe, qu'est-ce que t'as à traîner comme ça? demanda Karim en se retournant.
—Rien...

Pour se donner une contenance, Philippe faisait semblant de s'intéresser aux vitrines; il se surprit même à regarder un étalage de robes pour femmes enceintes... Quand les couples ralentissaient trop le pas, il se penchait pour rattacher ses chaussures ou fouillait dans ses poches afin que ses amis le croient très occupé.

Au cinéma, Alex et Karim s'assirent près de leurs blondes, un bras amoureusement passé sur leurs épaules. Philippe, la gorge serrée, tenta d'avaler son maïs soufflé tout en regardant les gens entrer dans la salle. Autour de lui, il ne voyait que des couples, ce qui renforça son impression d'être à part. Se calant dans son siège pour se faire oublier, il attendit le début de la projection. Enfin les lumières s'éteignirent.

Sur l'écran apparut un couple qui courait en se tenant la main pour échapper aux policiers. Au détour d'une ruelle, ils échangèrent un long baiser. Philippe soupira. Même le film tournait le fer dans la plaie. Il n'avait plus qu'une idée, rentrer chez lui le plus tôt possible.

—J'ai pas faim. Je vais me coucher, dit-il à ses amis en sortant de la salle.

—C'est bien la première fois que je t'entends dire que tu n'as pas faim ! s'étonna Alex.

—Manger, il n'y a pas que ça dans la vie ! répondit Philippe en se donnant un air mystérieux.

Il les salua en essayant de sourire, puis il rentra à la maison. Assis sur son lit, Philippe passa en revue les filles intéressantes qu'il connaissait. Après quelques minutes de réflexion, il dut admettre que son cœur ne battait pour aucune d'entre elles. Mais il fallait bien qu'il soit accompagné le samedi suivant sinon, il l'avait décidé, il n'irait plus au cinéma avec ses amis.

Le lundi, il assista à ses cours en tournant la tête à gauche et à droite à la recherche d'un amour éventuel. Près de lui, il y avait Isabelle : non, trop grande, il aurait l'air d'un nain à côté d'elle. Chloé : non, elle avait déjà un chum et, en plus, elle lui tapait sur les nerfs avec sa manie de toujours se regarder dans un petit miroir. Puis ses yeux tombèrent sur Judith. Depuis septembre, Judith lui témoignait beaucoup d'intérêt. Elle se retrouvait souvent à ses côtés, lui faisait des petits sourires et s'informait de ce qu'il avait fait au cours de la fin de semaine. Cependant, il y avait un problème : même s'il la trouvait bien spéciale et bien belle, c'était surtout de l'amitié qu'il ressentait pour elle. « Mais c'est pas grave, se dit-il, l'important c'est que j'aie une blonde. » À la fin des cours, il s'approcha d'elle.

—Je suis allé voir un film super en fin de semaine.
—T'es bien chanceux ! Moi je suis restée à la maison à regarder un vieux film à la télé avec mes amis, personne voulait aller au cinéma, dit-elle déçue.
—Si tu veux, viens avec moi la semaine prochaine.
—Peut-être... C'est une bonne idée, répondit-elle en souriant.

Ouf ! Philippe était soulagé, il s'en était bien tiré ! Il ne serait plus différent des autres. Lui aussi sortirait avec une fille. Il s'imagina avec ses amis, trois couples enlacés, défilant fièrement comme dans un cortège. Tout à coup, il se vit prenant Judith dans ses bras et posant ses lèvres sur les siennes et il se sentit mal. Il eut beau faire appel à toute son imagination, il dut s'avouer que, même en pensée, il ne pouvait pas l'embrasser. Peut-être n'était-il pas prêt à avoir une blonde ? Bien sûr, il trouvait les filles super mais... mais quoi ? Oh ! il ne savait plus que penser !

Toute la journée, il s'en voulut d'avoir invité Judith, de lui avoir fait croire qu'elle l'intéressait. Elle ne méritait pas qu'il se serve d'elle.

Il fallait maintenant qu'il lui explique. Elle serait sûrement fâchée et croirait qu'il s'était moqué d'elle. Peut-être même en parlerait-elle à ses amies et toutes les filles de l'école riraient de lui? Mais il s'était embarqué dans cette histoire, et personne ne pouvait la régler à sa place.

Le lendemain, il attendit Judith à la sortie du cours. Lorsqu'il l'aborda, elle lui fit un grand sourire. Philippe se sentit encore plus coupable. Il voyait bien qu'elle était heureuse de son invitation. Mais il plongea quand même :

—Judith, il faut que je te dise quelque chose. Veux-tu venir à ma case?

Philippe n'avait pas préparé ce qu'il lui dirait et cela rendait les choses encore plus difficiles. Il avait ouvert son casier et se tenait debout contre la porte, fixant le plancher. Surprise et troublée, Judith faisait semblant de s'intéresser à la bande dessinée qui traînait à l'intérieur du casier mais elle n'arrivait pas à lire le titre. «Veut-il m'embrasser?» se demanda-t-elle, mi-contente, mi-inquiète. Mais comme Philippe ne se décidait toujours pas à parler ou à l'embrasser, elle ne savait plus que penser.

—Tu voulais me parler?
—Ouais, mais je ne sais pas comment te dire ça, avoua-t-il, la tête toujours basse.

—Tu t'es fait une blonde et tu veux me dire que c'est avec elle que tu veux aller au cinéma ? dit-elle un peu irritée.

Il trouvait que ce serait facile de répondre qu'effectivement il avait une blonde, que c'était arrivé malgré lui, que ce n'était pas parce qu'elle, Judith, ne lui plaisait pas. Mais il n'aimait pas mentir, ça ne lui ressemblait pas.

—Non, ce n'est pas ça, je n'ai pas d'autre blonde. Je n'ai aucune blonde.
—Même pas moi ? demanda-t-elle la gorge un peu serrée.

De la tête, il lui fit signe que non.

—Qu'est-ce que je t'ai fait ? Qu'est-ce que j'ai qui cloche ?
—C'est pas de ta faute, t'es une belle fille, t'es super intéressante. Mais je pense que je n'ai pas envie d'avoir une blonde, je ne me sens pas encore prêt. Je voulais seulement sortir avec quelqu'un pour faire comme mes amis. J'ai pas été honnête avec toi, continua-t-il d'un air abattu. Voilà, c'est ce que je voulais te dire.

Judith avait elle aussi les yeux baissés. Le plancher ne leur avait jamais semblé si captivant. Puis elle le regarda, souriant un peu.

—Finalement, c'est pas grave. Peut-être que moi aussi je voulais faire comme mes amies. J'avais pas si envie que ça de sortir avec un gars.

À son tour, Philippe regarda Judith et il vit qu'elle paraissait réellement sincère. Il se sentit soulagé. Il la trouvait particulièrement chouette. Si un jour il avait une blonde, ce serait une fille comme elle, pensa-t-il.

—Mais si tu veux, dit-elle, on peut quand même aller au cinéma ensemble, en amis. On n'est pas obligés de se prendre les mains et de se coller parce qu'on va voir un film ensemble !

Il était si content qu'il l'aurait embrassée.

Le samedi suivant, un cortège de trois couples descendit la rue : deux couples enlacés et un garçon et une fille, les mains le long du corps, battant au rythme de leurs pas et de leurs rires. Difficile de deviner lequel de ces trois duos était le plus heureux... ✋

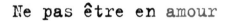

## Ne pas être en amour

On ne décide pas d'être en amour. L'amour est un sentiment qui fait souvent irruption dans notre vie au moment où l'on s'y attend le moins. Ainsi, le hasard ne nous place pas toujours au moment où nous le souhaitons devant une personne qui nous plaît vraiment. L'important, c'est d'être avec quelqu'un parce qu'on l'aime et non pour faire comme les autres. C'est une question de respect envers soi-même et envers l'autre.

Au lieu de se sentir différent de ses amis en couple, pourquoi ne pas profiter de ce temps de liberté pour apprendre à mieux se connaître, réaliser des projets qui nous tiennent à cœur et découvrir une foule de choses susceptibles d'enrichir notre personnalité ? L'amour, quand il viendra, n'en sera que meilleur, plus profond, car nous aurons beaucoup à offrir à l'autre. ★

# Les vendredis

## ou l'éternel recommencement

Chaque vendredi, c'était la même histoire : Valérie disait à son père qu'elle sortait et une dispute éclatait. Ce vendredi n'échappait pas à la règle. Valérie avait déjà son manteau sur le dos, prête à partir.

— Papa, je sors avec Dave. Je reviens vers minuit.

— Attends, je veux te parler. T'as fini de me faire le coup chaque vendredi ?

— C'est plutôt toi qui me fais le coup chaque vendredi ! Tu me tombes toujours dessus au dernier moment. On dirait que tu le fais exprès pour gâcher ma soirée.

— Tu cours après, non ? Tu sais que tu dois rentrer à dix heures, pas à minuit, mais tu n'en fais qu'à ta tête ! J'en ai assez !

Son père avait maintenant les mains sur les hanches et le menton tendu vers l'avant. Valérie sentait qu'il ne tarderait pas à exploser. Alors, elle ouvrit la porte et avant de s'esquiver, lui dit d'un ton qui se voulait désinvolte :

—Je suis contente que tu en aies assez toi aussi. N'en parlons plus, comme ça on va bien s'entendre, hein papa ? Bonne soirée !

Elle eut tout de même le temps d'entendre son père crier :

—Eh ! Je ne t'ai pas dit que tu pouvais sortir !

À minuit, elle était de retour. Son père l'attendait au salon :

—T'as vu l'heure ?
—Je te l'avais dit que je reviendrais à minuit !
—Ne joue pas avec mes nerfs ! La semaine prochaine, c'est décidé, tu ne sors pas !
—C'est le comble ! J'ai l'âge de garder les enfants des voisins jusqu'à une heure du matin, mais pas de sortir jusqu'à minuit ! Mais c'est MA vie, je ferai ce que je veux. Si t'as besoin d'une dame de compagnie, trouves-en une autre que moi. C'est pas de ma faute si tu t'enfermes tout le temps depuis que maman est partie.

Son père baissa la tête. Maintenant il était triste.

—Ne me dis plus jamais ça! De toute façon, peu importe ce que tu me diras, je ne changerai pas d'idée : vendredi prochain, tu restes à la maison. Si tu veux voir Dave, il viendra ici.

Valérie tapa du pied, impuissante, puis elle courut s'enfermer dans sa chambre.

Le vendredi soir suivant, Valérie ouvrit doucement la fenêtre de sa chambre. Il n'était pas question qu'elle reste enfermée chez elle quand tous ses amis seraient ensemble à s'amuser. Elle enjamba la fenêtre et commença à se laisser glisser vers le sol. Soudain, elle sentit des mains agripper ses mollets et elle poussa un long cri :

—Au secours, papa! Au secours!

—N'aie pas peur Valérie, je suis là, répondit-il tout près d'elle.

Valérie réalisa alors avec dépit que c'était son père qui lui coinçait les jambes.

—Eh bien, dit-il, on en découvre des choses en arrosant le jardin! Je suppose que tu ne voulais pas me déranger en sortant? Et où tu allais comme ça, si c'est pas trop indiscret? Attends, je vais essayer de deviner. Tu allais marcher? Regarder les étoiles?

—Laisse-moi.

—Tu ne crois pas qu'on est bien comme ça pour parler? L'air est doux, la rue est calme. Et surtout, tu ne peux pas t'enfuir pendant que je te parle.

—Ah! Aide-moi à rentrer.

—Tout à l'heure, je te le promets.

—Papa, il faut que tu comprennes que je suis presque une adulte maintenant. Tous mes amis rentrent à minuit.

—Que tes amis rentrent à l'heure qu'ils veulent, ça ne me concerne pas. Si je te laisse rentrer à minuit cette année, l'année prochaine tu voudras rentrer à une heure du matin. Ça n'a aucun sens!

—Si maman vivait encore ici, elle me laisserait rentrer plus tard, elle.

—Ah! Oui? Elle m'a pourtant dit que chez elle tu dois rentrer à dix heures, pas à minuit comme tu en as pris l'habitude ici... Mais c'est fini! Toi et moi, on s'était entendus pour dix heures et ça va rester dix heures!

—Mais il y a un an de ça! On devrait peut-être faire une nouvelle entente? Qu'est-ce que tu dirais que chaque année je puisse rentrer une heure plus tard?

—Je ne sais pas, il faudrait que j'y pense.

—On pourrait commencer chaque nouvelle année à ma fête!

—Je ne dis pas non... C'est vrai que si on oublie ton escapade de ce soir, d'une façon générale, tu es plus réfléchie qu'avant... Bon, ça va.

—Justement, c'est ma fête la semaine prochaine!

—Les années passent vite, tu ne trouves pas ? Non, pas la semaine prochaine, on n'en aura pas assez discuté. Il y a longtemps que je veux que tu me parles de tes sorties, ce que tu fais, avec qui tu te tiens, où tu vas.

—Papa, s'il te plait ! Tu sais bien que tu vas dire oui parce que c'est une demande raisonnable. Et vendredi, mes amis me font une fête ! Il faut que tu dises oui !

—Bon ! pour vendredi prochain ça va. Mais on en reparlera. Et n'oublie pas que tu rentres à onze heures, pas à minuit.

—Promis ! Merci mon petit papa. On va bien s'entendre maintenant, hein ? Aïe ! J'ai mal aux jambes. Aide-moi.

Le vendredi suivant, Valérie était à son party d'anniversaire.

—Je m'amuse trop pour rentrer tout de suite, dit-elle à Dave. Je vais téléphoner à papa pour lui expliquer que j'arriverai plus tard. C'est ma fête, il va comprendre.

—Il va rager jusqu'à ce que tu rentres. Et là, il va te sauter dessus comme un lion. GRRR !

—Oui, c'est sûr.

Deux minutes plus tard, Valérie revenait auprès de Dave, le visage blanc.

—C'est pas normal, il n'y a pas de réponse. Il faut que j'aille voir.

Il était deux heures du matin et Valérie s'était endormie sur le livre qu'elle lisait en attendant son père. Soudain, un bruit à la fenêtre la réveilla. Elle alluma la lumière et, tremblant de peur, se leva dans son lit.

Par la fenêtre qu'elle avait laissée ouverte, elle entendit la voix de son père :

—Coucou, c'est moi ! Tu vois, j'ai repensé à ce que tu m'as dit, c'est vrai que je ne sors pas assez !

Valérie l'aida à enjamber la fenêtre :

—Si tu prends l'habitude de sortir, j'espère que tu ne prendras pas celle d'oublier tes clés. Et puis t'as vu l'heure ?

—Valérie, si nous utilisons ta fenêtre plus souvent, il faudra installer une échelle, j'ai failli me casser le cou.

—Oh ! pendant que j'y pense, il faut que je te parle d'un voyage organisé par l'école pour aller à New York le mois prochain...

—New York ? Tu n'y penses pas ? Oublie ça !... Bonne nuit, ma petite Valérie. Demain on passe ta journée de fête ensemble ?

—On en profitera pour parler un peu de New York... J'ai une proposition à te faire.

—Je te l'ai dit, oublie ça !

Avant de refermer la porte de sa chambre, Valérie dit à son père, un sourire aux lèvres :

—Tu as raison, on verra ça demain... Bonne nuit, papa ! ✋

# Comment négocier

Il arrive souvent qu'on ne soit pas d'accord avec les règles ou les décisions de nos parents, de nos amis, de notre partenaire, de notre professeur, ou encore de notre employeur. C'est normal, nous sommes différents des autres: l'âge, le sexe, nos valeurs, nos attentes, etc. nous séparent. Alors pour éviter les conflits stériles ou les situations sans issue, il importe de savoir négocier, c'est-à-dire chercher un accord satisfaisant aussi bien pour l'autre personne que pour soi-même.

Une négociation se prépare. Il faut savoir ce que l'on désire, être réaliste dans nos demandes, évaluer les limites de ce que l'autre peut accorder, se mettre dans la peau de l'autre en considérant les avantages et les inconvénients qu'il peut tirer d'une nouvelle entente. Dans toute négociation, il y a une part de concession: on ne peut pas tout gagner, il faut également donner.

Lors d'une négociation, la discussion doit permettre d'exposer clairement notre demande. Le but n'est pas de se défouler, de démontrer que l'on détient la vérité ou de souligner les erreurs de l'autre mais bien de parvenir à une solution. Restons donc calme et même chaleureux. Après tout, nous souhaitons régler le problème et améliorer notre relation avec l'autre.

Un refus, même partiel, nous apparaît souvent plus dramatique qu'il ne l'est en réalité car on a tendance à le considérer comme un rejet. Mais face à une situation désagréable, ne vaut-il pas mieux tenter de changer les choses que de rester passif et impuissant? ★

# Que faire?

Jeudi soir, Alex et Karim bavardent au téléphone.

ALEX : — Eh, Karim, t'as étudié ton examen d'histoire? Tu me prêtes tes notes de cours?

KARIM : — Justement, je terminais. Je ne veux rien avoir à faire en fin de semaine. Avec le spectacle de samedi, je serai peut-être trop dans la brume pour étudier dimanche.

ALEX : — Je voulais te dire... Je pense que je n'irai pas au spectacle...

KARIM : — Comment ça? Tu ne peux pas me faire ça!

ALEX : — Peter m'a invité à son party et j'ai dit que j'irais. Il y aura du beau monde, tu comprends?

KARIM : — Tu m'as supplié, harcelé, jusqu'à ce que j'achète mon billet et maintenant tu me laisses tomber! C'est pas correct!

ALEX : —Arrête de me torturer. Je ne sais plus… Le spectacle ou le party, le party ou le spectacle… Qu'est-ce que tu ferais à ma place ?

KARIM : —Demande-toi plutôt ce que tu n'aurais pas dû faire ! Tu n'avais qu'à y réfléchir avant !

ALEX : —Tu ne te rends pas compte ! Si je ne vais pas au spectacle, je le regretterai. Et si je ne vais pas au party, je le regretterai aussi. Ah ! Je suis pris à la gorge.

KARIM : —Écoute, il faut que je le sache tout de suite, je ne veux pas me retrouver tout seul. Rappelle-moi quand tu seras branché. Je te donne une heure, maximum !

Alex se couche sur son lit pour réfléchir à la situation, le chat Pichou allongé à ses pieds. Soudain, la voix de sa mère le fait sursauter :

—Réveille-toi, Alex, il est sept heures.

—Sept heures ? Sept heures du matin ? Karim ! Je l'ai pas appelé ! Il va me tuer.

Vite, il compose le numéro de Karim.

KARIM : —T'es un gars fiable, toi ! Pourquoi tu ne m'as pas appelé hier soir ? Bof ! maintenant je m'en fous, je vais voir le spectacle avec Thomas !

ALEX : —Tu peux pas me faire ça ! Pas avec lui ! Tu sais que je ne peux pas le sentir !

KARIM : —Qu'est-ce que ça peut te faire, tu as décidé d'aller au party, non ?

ALEX : —Je ne sais pas encore.

KARIM : —Incroyable ! De toute façon, si tu n'aimes pas Thomas, tu ferais mieux de passer la soirée chez Peter.

ALEX : —Ouais...

Une demi-heure plus tard, Alex rappelle Karim.

ALEX : —Peter a pensé qu'avec le spectacle, il n'y aurait personne à son party, il l'a annulé.

KARIM : —C'est drôle, tu ne trouves pas ? Alors, tu viens au spectacle ? Thomas est bien sympathique, il faut le connaître.

ALEX : —Je ne sais pas, je vais y penser.

KARIM : —Tu me donneras ta réponse le lendemain du spectacle, c'est ça ?

ALEX : —Je te rappelle.

KARIM : —Non, tu vas me le dire immédiatement ! Je ne passerai pas la journée à attendre ta réponse, je ne suis pas à ton service ! Tu viens ou tu ne viens pas ? Tu as le choix : ou bien tu passes ton samedi soir tout seul ou bien tu viens au spectacle, même si tu ne t'entends pas à merveille avec Thomas. C'est pas compliqué, il me semble !

ALEX: —Je vais au spectacle... Mais d'un autre côté, samedi soir, il y a les finales de hockey.

KARIM: —Alex, tu m'énerves! Comment je fais pour te supporter? Finalement, tu es à plaindre, tu hésites jusqu'à ce que le hasard ou les autres décident pour toi.

ALEX: —Cette fois, je vais prendre une décision et je te promets de ne pas la changer.

KARIM: —Enfin!... Oh! Je voulais te dire qu'hier j'ai vu Camille et elle m'a demandé si tu venais au spectacle. Tu dois être content, depuis le temps que tu me parles d'elle?

ALEX: —Pourquoi tu me l'as pas dit avant? C'était pour la voir que je voulais aller au party... Tu sais, ça va être un bon spectacle, je serais fou de ne pas y aller!

KARIM: —T'appelles ça une décision? Tu réalises que c'est Camille qui a décidé pour toi?

ALEX: —Ouais, t'as raison. À l'avenir, je choisirai moi même. Mais pour l'instant, j'aime bien savoir qu'elle m'a influencé!

KARIM: —Au moins, avec les filles, tu sais ce que tu veux! ✤

## Prendre des décisions

Il n'est pas toujours agréable de prendre des décisions car décider, c'est choisir, c'est donc abandonner certaines choses pour en obtenir d'autres. C'est aussi aller vers l'inconnu. Prendre des décisions nécessite de bien se connaître (nos goûts, nos forces, nos faiblesses, nos attentes, etc.). Il est également important d'avoir une vue d'ensemble des possibilités qui s'offrent à nous et de comparer leurs conséquences.

Lorsque notre décision est prise, on s'investit pleinement dans le projet choisi, sans regretter ni se demander si on a fait le bon choix. On peut aussi considérer le côté positif des choses ou des situations qui nous déplaisent.

Et si, après avoir bien expérimenté notre choix, on se sent malheureux, il est toujours possible de le remettre en question. Prendre des décisions, c'est prendre des risques, mais c'est surtout trouver des pistes qui conviennent à notre personnalité. C'est une occasion de s'affirmer et d'acquérir une certaine liberté. ★

# Jeu de mains
## à trois

C'est un samedi matin, il y a deux ans que
j'ai fait la connaissance de Marie-Ève. Je
sortais de la douche lorsqu'elle a sonné à la porte
pour vendre des stylos au profit des patineuses artistiques.
J'avais l'air d'une folle avec mes cheveux mouillés et ma vieille
robe de chambre blanche dans laquelle j'aime flâner.

Gênée par mon accoutrement, je ne pouvais m'empêcher de me
comparer à cette belle fille. Elle avait les cheveux blonds, de
grands yeux bruns et de longues jambes musclées. C'était une
vraie patineuse, comme on en voit à la télévision. Dans le miroir
près de la porte, je me suis vue à côté d'elle : je ressemblais à un
épouvantail. Au lieu de lui répondre, je suis restée muette devant
elle, admirative, immobile comme un parcomètre.

Marie-Ève me regardait étrangement, se demandant sans doute ce que j'attendais pour aller chercher de l'argent ou pour lui dire qu'on n'achèterait pas de stylo. Heureusement, mon père avait entendu la sonnette et était penché du haut de l'escalier :

—T'es là, Isabelle ? demanda-t-il.

En bafouillant, je lui ai expliqué ce que voulait Marie-Ève et il est descendu lui remettre quelques dollars.

Le lundi matin suivant, en marchant vers l'école, je l'ai vue sortir d'une maison qui avait été vendue quelques semaines auparavant. Elle m'a regardée mais j'ai feint de m'intéresser à un chat qui passait près de moi. Je ne suis pas le genre de fille à me jeter au cou de n'importe qui. De toute façon, me suis-je dit, elle ne me reconnaît sûrement pas.

À ma grande surprise, elle est entrée dans ma classe et elle est venue s'installer à côté de moi, comme si nous nous connaissions depuis la maternelle. Je n'ai pas osé lui dire que la place était prise, alors quand Judith est arrivée, elle a d'abord été étonnée puis elle m'a regardée, fâchée. J'ai tenté de lui expliquer par signes que je n'y étais pour rien mais, avec rudesse, elle s'est assise le plus loin possible de moi. Intérieurement, je pestais contre cette Marie-Ève qui se donnait de grands airs et se croyait

tout permis. Elle s'est tournée vers moi avec un sourire, ne semblant pas réaliser le froid qu'elle avait provoqué entre Judith et moi.

—C'est bien Isabelle, ton nom?

J'ai hoché la tête, impressionnée qu'elle s'en souvienne.

Après les cours, elle m'a invitée chez elle pour que l'on fasse nos devoirs ensemble. Mais nous avons peu travaillé. Je lui posais des tas de questions: D'où venait-elle? Avait-elle déjà eu un chum? Comment faisait-elle pour avoir de si beaux cheveux? Comme je lui disais qu'elle était chanceuse d'être belle, elle sortit une superbe robe rouge qu'elle avait portée pour une compétition. Elle la déposa sur le lit et me dit:

—Essaie-la. Je suis certaine qu'elle t'ira comme un gant.

J'ai enfilé la robe et je me suis observée dans le miroir. J'aurais pleuré. La robe était si belle qu'elle mettait encore plus en évidence le fait que moi, je ne l'étais pas ! On voyait mieux que jamais mes jambes minces comme des cure-dents et ma poitrine encore toute plate ; la robe faisait l'effet d'une nappe jetée sur une table !

J'enlevai la robe et la déposai tristement sur le dossier d'une chaise.

—Il n'y a rien à faire, je serai toujours laide.
—Moi je te trouve belle, tu n'es pas comme tout le monde. Tu as un genre bien spécial. T'es chanceuse !
—J'aime pas qu'on se moque de moi, ai-je répliqué froidement.
—Ne crois pas ça ! Je le pense vraiment, dit-elle sérieuse.

Ça m'a fait plaisir qu'elle me dise cela, même si je n'étais pas certaine de la croire.

Le samedi suivant, je l'ai accompagnée à son entraînement de patinage. Je ne pouvais m'empêcher de l'admirer quand elle traçait de grands cercles ou qu'elle s'élançait vers le haut comme un oiseau pour ensuite retomber gracieusement sur la glace. Je l'applaudissais et elle me faisait un clin d'œil pour me montrer qu'elle était contente que je sois près d'elle. Moi aussi, ça me plaisait d'être là.

Elle était si gentille, si sûre d'elle, que rapidement elle devint la coqueluche de la classe. Même Judith lui avait pardonné d'avoir pris sa place.

Il y avait presque un an que Marie-Ève et moi étions amies quand un jour François, que j'avais remarqué depuis longtemps, m'a fait un grand sourire. Il m'a abordée au sujet d'un problème de maths. Je savais bien que c'était un prétexte puisqu'il avait toujours les meilleures notes de la classe. Mais j'ai joué le jeu et, l'air de rien, je lui ai donné des explications. Une semaine plus tard, nous sortions ensemble.

Comme Marie-Ève était toujours avec nous, il aurait peut-être été plus exact de dire que Marie-Ève et moi sortions avec François. Nous faisions tout ensemble : nos devoirs, aller à la patinoire, regarder des films. Souvent, en nous rendant à l'école, nous marchions Marie-Ève d'un côté, François au centre, et moi de l'autre côté, ma main dans la sienne.

Parfois, j'aurais bien aimé être seule avec François, c'était mon chum après tout. Il m'arrivait de nous imaginer au cinéma, son bras autour de mes épaules, nous embrassant sans que Marie-Ève soit là à nous regarder. De temps en temps, j'aurais aimé aussi être seule avec Marie-Ève pour lui parler de François ou, comme avant, pour écouter de la musique en bavardant. Mais je craignais qu'en étant avec l'un, l'autre se sente rejeté. Peut-être pensaient-ils la même chose et, tout comme moi, ils préféraient ne rien dire. Alors, nous faisions semblant d'être contents de la situation et rien ne changeait. Pourtant, si nous nous étions parlé à ce moment-là, les choses n'auraient probablement pas si mal tourné.

Il y avait deux mois que la relation se vivait à trois lorsqu'un jour, en marchant, j'ai remarqué que François tenait Marie-Ève d'une main et moi de l'autre. Je me suis arrêtée brusquement. François et Marie-Ève se sont arrêtés eux aussi. J'ai senti du feu sur mes joues tellement j'étais bouleversée. Réalisant ce qui se passait, eux aussi ont rougi.

Marie-Ève laissa aussitôt tomber la main de François et me prit le bras.

—Isabelle, c'est pas ce que tu penses !

Je me dégageai vivement et lui criai :

—Hypocrite ! Et toi, François Lalonde, j'ai à te parler.

Il s'est approché de moi, l'air abattu, et Marie-Ève s'est éloignée tristement.

—Pourquoi tu m'as fait ça ? demandai-je à François, le cœur à l'envers.
—Je ne sais pas, dit-il la tête basse, ça s'est fait tout seul. Je te jure que je t'ai pas joué dans le dos, c'est la première fois que ça arrive !
—Il faut que tu choisisses, c'est elle ou c'est moi.

Il pencha la tête encore plus et, l'air pensif, écrasa minutieusement la neige sous ses pieds. Le temps me sembla long et le vent encore plus froid avant qu'il ne relève la tête et ne me regarde dans les yeux.

—C'est pas ma faute mais...
—Mais quoi? demandai-je, sachant déjà ce qu'il me dirait.
—Je ne sais plus... Je pense que Marie-Ève... je pense que je l'aime aussi.

Ma gorge était serrée par la peine et la colère, mais je parvins à articuler:

—C'est elle que tu choisis?

Il hocha la tête pour me dire que oui, il choisissait Marie-Ève.

J'ai cru que j'allais m'évanouir. Je n'ai pu retenir mes larmes très longtemps et c'est en courant que je me suis réfugiée à la maison. Ma chambre ne m'avait jamais autant manqué. Je me suis élancée sur mon lit comme on plonge dans un lac et là, durant des heures, j'ai pleuré sur ce qui venait de m'arriver: en une minute, j'avais perdu ma meilleure amie et mon chum. J'avais le cœur si gros qu'il aurait pu éclater. Je me demandais comment faire pour continuer à

41

vivre. Il ne me restait plus personne à qui parler. Je sentais un grand vide en moi et autour de moi.

Lorsque ma mère est arrivée du travail et qu'elle m'a trouvée au lit, je lui ai dit que j'avais de la fièvre et que je voulais dormir. Mais je n'ai pas fermé l'œil de la nuit. Je me disais que j'étais laide, que je ne valais rien. Je détestais Marie-Ève et François et je leur souhaitais tous les malheurs de la terre. En regardant des photos de nous trois, j'essayais de me faire croire que ce qui était arrivé quelques heures plus tôt n'était qu'un rêve. Je nous revoyais ensemble, riant d'une bonne histoire ou flânant dans les rues en faisant des projets pour les vacances. Puis, quand ma peine me ramenait à la réalité, je frappais sur mes oreillers pour me soulager.

Le lendemain, prétextant un rhume, je ne suis pas allée à l'école. Je me suis enfermée dans ma chambre avec du chocolat, des chips et des mouchoirs. Et entre deux bouchées, je pleurais. Marie-Ève me manquait autant que François, peut-être même plus. Mais lorsque, dans la soirée, ma mère est venue me dire que Marie-Ève était au salon et voulait me voir, j'ai crié fort pour qu'elle entende : «je ne veux plus rien savoir d'elle». Et j'ai claqué la porte de ma chambre pour être seule. Ma mère m'a suppliée d'ouvrir mais, à elle aussi, j'ai crié de me laisser tranquille. Je voulais la paix.

Les premiers jours furent difficiles. Ma mère essayait de me consoler, de savoir ce qui n'allait pas mais je ne voulais pas en parler, je n'avais plus confiance en personne. À l'école, je me sentais encore plus seule que dans ma chambre. Marie-Ève et François étaient toujours ensemble et se tenaient loin de moi. Il me semblait que tout le monde me regardait bizarrement ou avec pitié. Puis, un jeudi matin, Marie-Ève et François sont arrivés séparément au cours de maths ; c'était fini entre eux.

Aussitôt, Marie-Ève tenta de se rapprocher. Elle me faisait des sourires hésitants ou elle marchait lentement quand elle savait que j'étais derrière elle. Mais je continuais à l'éviter. Malgré tout, elle persévérait. Un dimanche, elle m'a téléphoné pour que j'assiste à une de ses compétitions. Encore une fois je lui ai dit que je ne voulais plus la voir, que c'était une hypocrite, une menteuse, une voleuse de chum, que je ne pourrais plus jamais avoir confiance en elle.

—Comment peux-tu avoir le culot de m'appeler, après ce que tu m'as fait ? dis-je, en lui raccrochant au nez.

J'eus à peine le temps de m'éloigner du téléphone qu'il sonna à nouveau. Je décrochai rageusement :

—Fiche-moi la paix ! criai-je en pleurant.

—Isabelle, je regrette ce qui s'est passé, je ne comprends pas pourquoi j'ai fait ça. De toute façon, c'était pas intéressant de sortir avec François quand t'étais plus là.

—Tant mieux ! dis-je avec colère.

—Je m'ennuie de toi. Tu es ma meilleure amie. Je te promets
que ça n'arrivera plus jamais.

Je ne savais plus quoi dire. Ses paroles et son insistance me
touchaient. Elle semblait vraiment sincère.

Nous avons parlé plus calmement. Et sans doute parce qu'elle
me manquait beaucoup, j'ai accepté son invitation. Avec une certaine réserve, évidemment.

Après la compétition, nous sommes allées voir la nouvelle
décoration de sa chambre.

—Wouah! C'est beau, dis-je en regardant les couleurs sur les
murs. J'aime beaucoup ça.
—Tu vois, on a les mêmes goûts. Pas étonnant ce qui est arrivé
avec François...
—Ne cherche pas d'excuses!
—Isabelle... il t'a déjà embrassée, toi?
—Tu le sais autant que moi, t'étais toujours là!... Et toi, il t'a
embrassée? ai-je demandé sèchement, le cœur battant.
—Plusieurs fois, mais je pense qu'on n'était pas fait pour être
ensemble. En plus, tu me manquais trop. C'est vrai.
—L'aimais-tu?
—Un peu. Et toi?
—Plus maintenant. En fait, ça a été une chance que cette his-
toire arrive, je pourrai connaître d'autres gars, dis-je en riant.

Mais en réalité, je n'avais pas encore envie de rire ni d'être en amour. Il fallait d'abord que mon cœur redevienne comme neuf. À partir de ce jour, Marie-Ève et moi sommes redevenues inséparables, sauf quand Guillaume, son nouveau chum, est là. Elle m'a dit qu'elle avait peur que lui et moi tombions en amour. Je me demande où elle a pris cette idée bizarre ? ✋

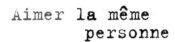

## Aimer la même personne

Il peut arriver que deux amis aiment la même personne. Toutefois, cette situation n'est pas si fréquente qu'on le croit.

Même si nous partageons avec nos amis les mêmes goûts, les mêmes intérêts, les mêmes façons de voir la vie, il est rare que nous soyons attirés par les mêmes personnes.

Mais à l'adolescence, on a tendance à idéaliser certains de nos amis et à désirer ce qu'ils ont. On a également besoin de tester notre pouvoir sur les autres. Ainsi, une personne qu'on n'aurait jamais remarquée, peut nous apparaître soudain attirante parce qu'elle intéresse notre ami.

Si les circonstances font que le partenaire de notre ami nous plaît ou que notre partenaire plaît à notre ami, il vaut mieux en discuter ouvertement ensemble et, si nécessaire, s'éloigner de cet ami. Généralement, avec le temps, ce sentiment trouble tend à disparaître, et une amitié sans arrière-pensée est de nouveau possible. ★

# Un petit verre

Hier, je me suis soûlé pour la première fois de ma vie. Karim m'avait défié devant tout le monde et je voulais absolument gagner. Vas-y, Dave, me suis-je dit. Sloup! J'ai bu quatre bières en une heure. Aouch! J'ai mal à la tête. J'ai le cerveau tout déprogrammé! Mais j'ai gagné! C'est moi qui les ai bues le plus vite! Après, je suis tombé par terre et je ne me rappelle rien de la soirée, à part les belles jambes de Valérie que j'ai entrevues comme dans un brouillard quand elle est partie fâchée, sans me regarder. Et dire que je faisais tout cela pour l'impressionner! Je pense que c'est raté. La prochaine fois, je boirai plus lentement. Je n'ai plus envie de voir les jambes de ma blonde en double, même si elles sont bien belles. Sinon, un jour, je lui demanderai où sont les deux autres et elle croira que je suis fou. En fait, je pense que je le suis un peu fou... surtout d'elle. Aouch! ma tête! Ça cogne! Et ça tourne! ✋

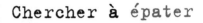

## Chercher à épater

Parfois, pour être apprécié, accepté, ou se différencier des autres, on ne recule devant rien. Il peut arriver aussi qu'on ne sache pas résister à la pression que les autres exercent sur nous pour les amuser, les étonner ou les épater. Le simple fait de se retrouver en présence des autres excite notre système nerveux et modifie notre comportement. Si on ne se connaît pas suffisamment ou si on ne se respecte pas vraiment, cette pression peut nous conduire à faire ou à dire des choses contraires à notre personnalité ou à notre volonté.

Il est donc important d'identifier nos propres valeurs et de définir en conséquence les comportements que nous désirons adopter en présence des autres. Faire semblant d'être quelqu'un d'autre risque d'éloigner ceux que l'on aime, et surtout nous éloigner de ce que nous sommes réellement ★

# La gaffe de Jack

Jack discutait dans un corridor
de l'école avec Alex, Karim et Philippe.

—Vous trouvez pas que la prof Lagacé a une super belle paire
de personnalités ? demanda-t-il en bombant le torse. Surtout
aujourd'hui, dans cette robe, on dirait deux beaux melons.

Ses amis éclatèrent de rire en jetant des coups d'œil par-dessus
son épaule. Il se retourna. Marie Lagacé était là, elle avait tout
entendu.

—... Ah ! Baddish !, murmura Jack.

Rouge comme jamais, il s'enfuit vers son casier, persuadé que
maintenant sa vie était finie. 🖐

## Faire une gaffe

Pour impressionner les autres ou par nervosité, il nous arrive tous, un jour ou l'autre, de faire ou de dire quelque chose qui nous donne envie de changer de planète! On pense que c'est la fin du monde. Nos gaffes peuvent avoir des conséquences désagréables mais elles peuvent aussi nous apprendre à mieux nous connaître et à développer un sens de l'humour qui nous aidera à faire face à bien des circonstances embarrassantes. À l'adolescence, on est souvent confronté à de nouvelles situations; on ne peut pas être expert en tout... tout de suite. L'important, c'est de comprendre ce qui a motivé notre comportement pour éviter qu'il ne se reproduise. ★

# Clara
## au pays des secrets

Clara était très embêtée. Elle et Julien s'embrassaient et se caressaient souvent. Là n'était pas le problème. Mais Clara sentait que le moment approchait où Julien voudrait faire l'amour avec elle. Et comme elle s'imaginait que Julien était très expérimenté, elle craignait qu'il la trouve naïve. La seule spécialité qu'elle maîtrisait, c'était le baiser ; l'an passé, elle l'avait longuement pratiqué avec le fils du voisin.

Depuis quelques semaines, avant de s'endormir, de nombreuses questions l'assaillaient : Comment ça se passe quand on fait l'amour ? Combien de temps ça dure ? Ça fait mal ? Est-ce que je vais saigner ? Julien m'aimera-t-il encore après ? Fera-t-on l'amour chez ses parents ? Chez les miens ? Et si on nous surprenait ? Faut-il se déshabiller tout d'un coup ou très lentement comme les actrices dans les films ? Doit-on se coucher sur le lit et attendre ? Mais attendre quoi, exactement ? Julien mettra-t-il un préservatif ? C'est à moi ou à lui d'en acheter ? Ah ! c'est si compliqué ! Est-ce que je suis prête à faire l'amour ?

Pour se rassurer, Clara consulta son livre d'éducation sexuelle : peut-être avait-elle sauté quelques chapitres ? Elle revit des illustrations de seins, et cela lui fit penser aux siens qu'elle trouvait trop gros. Elle revit aussi les organes génitaux mâles et cela lui fit penser à ceux de Julien. Mais elle ne trouva pas de réponses à ses interrogations. « Pourquoi on ne parle pas de ça, c'est très important pourtant, non ? À quoi sert d'apprendre comment se fait la pénétration si on ne sait même pas si on est prête ni comment se font les préliminaires ! Je ne vais quand même pas aller feuilleter des revues pornos ! Ça m'en montrera peut-être plus que mes fameux livres mais ça ne répondra pas à mes questions ! »

Un soir, alors qu'elle ne parvenait pas à s'endormir, elle poussa la porte de la chambre de ses parents. Peut-être que sa mère ne dormait pas et qu'elle pourrait lui parler un peu ? Elle avança furtivement la tête et entendit des gémissements. Ses parents étaient-ils en train de faire l'amour ? Clara ouvrit les yeux au maximum. Mais il n'y avait là qu'un couple endormi : sa mère couchée sur le côté, face au mur, et son père allongé sur le dos, ronflant et sifflant, visiblement embarrassé par le sandwich et la bière avalés en regardant le match de hockey.

Brusquement, son père s'assit très droit dans le lit et l'aperçut. Il est difficile de dire lequel des deux fut le plus surpris. Mais Clara réagit plus rapidement :

—Je t'entendais et je pensais que tu faisais une crise cardiaque.
—C'est bizarre, j'ai plutôt l'impression que tu nous espionnais ! dit-il sceptique.
—Bonne nuit papa, chuchota-t-elle avant de refermer la porte.

Elle retourna à sa chambre, ahurie. « Vraiment, j'exagère ! Ça devient une obsession ! » Mais elle n'abandonna pas. Elle fit l'inventaire des personnes susceptibles de la renseigner. Elle pensa d'abord à ses amies. Valérie ? Non, elle en savait sûrement encore moins qu'elle ! Katou ? Elle en savait sûrement beaucoup mais elle était trop arrogante, elle se moquerait de son ignorance et l'ébruiterait partout à l'école. Quant à Annie, elle disait n'importe quoi, on ne pouvait pas avoir confiance en elle. Qui restait-il ? Isabelle et Marie-Ève, mais elle ne savait pas pourquoi, c'était terriblement gênant de leur demander. Il devait pourtant y avoir des gens sur cette terre qui avaient déjà fait l'amour et qui pouvaient lui en parler ! Elle ne demandait pas la lune ! Les profs ? Pas question ! S'ils lui faisaient la morale et appelaient sa mère ? Autant en parler elle-même à sa mère ! Mais comme c'était paniquant de s'imaginer avec sa mère, discutant de sexualité !

Elle fit pourtant une tentative le lendemain. Elle s'approcha doucement de sa mère qui lisait.

—Maman, j'ai un travail à faire sur... au sujet de... Ah ! laisse tomber, je vais me débrouiller toute seule.

Sa mère leva à peine les yeux, elle n'avait rien entendu.

Clara resta clouée à côté d'elle, se demandant si réellement sa mère avait déjà fait l'amour. Elle ne sut comment cette question idiote lui sortit de la bouche mais elle ne put la rattraper :

—Toi maman, t'as déjà fait l'amour ?

Cette fois-ci, sa mère l'avait bel et bien entendue.

—Clara ! s'exclama-t-elle en riant.

Clara, mal à l'aise, se retira dans sa chambre. Quelques secondes plus tard, sa mère l'avait rejointe. Son visage avait maintenant l'air très grave.

—Ne me dis pas que tu penses déjà à faire l'amour ? s'exclama-t-elle, inquiète. Tu es bien trop jeune ! À ton âge, c'est impensable, tu es encore une enfant. Je sais bien que plusieurs filles de ton âge l'ont déjà fait mais tu n'es pas obligée de les imiter. Ah ! tu vois dans quel état je suis ? C'est Julien qui t'a mis cette idée-là en tête ? Si c'est le cas, il faudra que je lui parle, que je lui fasse comprendre que....

—Je ne veux pas que tu parles à Julien ! Je me pose des questions, c'est normal, non ?

—Tu sais, c'est tellement personnel... C'est pas facile de parler de ça avec sa fille. Mais si tu veux, on en reparlera une autre fois, aujourd'hui je n'ai pas le temps.

—C'est toujours pareil, tu n'as jamais le temps quand c'est pour des choses que moi, je trouve importantes. Pourquoi c'est comme ça? demanda Clara, déçue.

—Je ne sais pas. J'aimerais que ce soit autrement mais, même avec ton père, j'ai de la difficulté à parler de ces choses-là. Pourtant, c'est toi qui as raison, quand on se pose des questions, il faut essayer de trouver des réponses. Je te promets que très bientôt on en discutera, ajouta-t-elle, émue.

Clara découvrait sa mère sous un autre jour. Elle aussi avait ses faiblesses et ses inquiétudes.

Mais elle ne savait toujours pas comment cela se passait la première fois. Soudain, elle eut une idée : sa sœur Maria savait tout ça! Elle avait vingt-quatre ans et vivait avec Daniel depuis un an. Elle avait inévitablement de l'expérience.

Le lendemain soir, Clara était chez Maria, prête à lui faire subir un interrogatoire. Mais la musique était tellement forte, qu'elles avaient peine à s'entendre.

—Comment ça se passe la première fois qu'on fait l'amour? cria presque Clara, embarrassée.

Maria se leva et arrêta la musique. Il n'y avait pas si longtemps, elle-même était passée par là. Elle réfléchit un moment, apparemment à la recherche des bons mots, puis elle s'assit près de Clara :

—Faire l'amour, c'est s'embrasser, c'est se caresser partout, partout, jusqu'à ce que le désir grandisse et grandisse, jusqu'à ce que nos corps n'en puissent plus d'être séparés et qu'ils s'unissent.

—Oui, mais comment ? demanda Clara.

—Par la pénétration, voyons. Tu ne te rappelles pas le livre qu'on avait quand on était petite, Comment se font les bébés, ou quelque chose comme ça. Mais dans le livre, on ne nous parlait pas des émotions ni des frissons.

Clara avait alors rougi et sa sœur n'avait pu s'empêcher de sourire.

—Mais je pense que tu sais très bien ce que je veux dire. Des caresses aussi, ça peut apporter des frissons. C'est une autre façon de faire l'amour. Mais le plus important, quand on fait l'amour, c'est d'en avoir envie.

Quelques heures plus tard, Clara quittait Maria, le cœur plus léger. Elle avait bien fait de lui parler. Maintenant, elle comprenait mieux cette complicité spéciale qu'il y avait entre sa sœur et Daniel. L'idée de faire l'amour lui faisait moins peur. Elle pensa alors à Julien, s'imaginant allongée contre lui et elle sentit en elle un trouble très agréable. Oui, vraiment, elle avait beaucoup moins peur... ✋

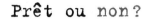

## Prêt ou non?

Si on sent que notre corps dit oui, mais que notre tête dit non, on n'est pas prêt à faire l'amour. Si on sent que notre corps dit non, mais que notre tête dit oui, on n'est pas prêt non plus. Lorsqu'on doute, il est préférable d'attendre, sinon on risque d'être déçu et de n'éprouver que peu de plaisir. Afin d'éviter les pressions et les malentendus, il est important de discuter avec notre partenaire de nos hésitations et de nos attentes (petites attentions, tendresse, plaisir sexuel, engagement, amour, etc.).

Les garçons comme les filles sont inquiets à l'idée de leur première relation sexuelle : se retrouver nu devant l'autre, avoir peur de décevoir, de ne pas être à la hauteur, de faire des gaffes. Une fille se demandera si faire l'amour est douloureux tandis qu'un garçon craindra de ne pas pouvoir contrôler son excitation.

Dire non à son partenaire, ou lui demander d'attendre, ne signifie pas qu'on le rejette ou qu'on ne l'aime pas. Lui avouer que l'on n'est pas prêt, n'est pas un signe de faiblesse. C'est montrer du respect envers soi-même et envers l'autre.

Être prêt, c'est aussi prévoir les conséquences et en assumer les responsabilités. ★

# La transformation

Il n'y a pas si longtemps, je me disais : « Ah ! Je ne m'aime pas ! Je suis laide ! Et s'appeler IsaBELLE ! Mon nez est trop long, mes jambes sont trop maigres et mes cheveux sont toujours ébouriffés. C'est vrai que je ressemble à un épouvantail ».

Je voulais être comme les autres sans y parvenir. Quand j'essayais d'imiter leur façon de s'habiller, de parler, de marcher, ça ne faisait que mettre en évidence que j'étais aussi bien dans ma peau qu'un poisson couché sur l'asphalte.

En juillet, ma tante Denise, qui revenait de vacances aux États-Unis, m'a rapporté une ceinture brune en cuir avec une grosse boucle. Style cow-boy, finalement. Cela m'a rappelé ma collection de ceintures. J'ai couru vers ma chambre et j'ai ouvert le tiroir où je les rangeais. Je les ai toutes alignées sur le lit : j'en avais quarante-trois ! Ma tante qui m'avait suivie siffla à la vue de ce trésor.

—Fais-moi une parade, tu veux? m'a-t-elle demandé.

J'étais gênée à l'idée que quelqu'un me regarde, m'examine. Mais comme elle a toujours été gentille avec moi, j'ai accepté. J'essayais les ceintures les unes après les autres et nous leur donnions des points.

—T'as une belle taille, m'a-t-elle dit.
—Denise, ton café est servi, a crié ma mère de la cuisine.

Ma tante m'a fait un clin d'œil puis elle est partie rejoindre ma mère.

J'ai fermé la porte de ma chambre pour regarder cette fameuse taille. J'ai enlevé mes jeans et relevé mon chandail. C'était comme si je la voyais pour la première fois. Elle ne semblait pas si mal. Mais je ne connaissais rien aux belles tailles, je n'avais jamais remarqué celle des autres. Approfondissant mon enquête, j'ai ensuite inspecté mes hanches, mes fesses, mon ventre. Ils n'étaient pas mal non plus. Mais, me suis-je dit, les gars ne regardent que les cheveux, le nez et les jambes. Évidemment, tout ce que je jugeais le plus laid dans mon corps.

J'ai soudain eu envie d'avoir un style, non pas celui de toutes les filles, mais un style à moi dans lequel je me sentirais belle et à l'aise. J'ai attaché mes cheveux en chignon dépeigné. Puis j'ai remis mes jeans ; mais cette fois, au lieu de cacher ma taille, je l'ai mise en évidence en enfilant une grande chemise à l'intérieur du pantalon et j'ai passé ma plus belle ceinture. En fouillant dans le fond du placard, j'ai retrouvé une vieille paire de bottines noires en cuir avec des lacets tellement longs que je devais les enrouler deux fois autour de mes chevilles pour parvenir à les attacher. Et je me suis regardée.

J'avais l'air d'une révolutionnaire et ça me plaisait bien. Dans le fond, peut-être suis-je un peu contestataire ? Il y a tant de choses qui me dérangent et dont je n'ose jamais parler, de peur qu'on me trouve arrogante ou râleuse : je n'aime pas les gens qui ne pensent qu'à l'argent, et je suis déçue des vieux qui ne font pas attention à la planète et à notre avenir à nous, les jeunes. Oui, me suis-je dit en me regardant une nouvelle fois et en faisant des mimiques, j'ai un côté contestataire et original. Et je l'aime !

Avec ma nouvelle allure, j'ai fait mon entrée officielle au salon où ma mère et ma tante étaient assises, une tasse de café à la main, penchées sur les photos de la Californie. J'étais debout, mal à l'aise, attendant leur verdict. Puis je me suis rappelée que je me sentais bien, moi, habillée comme ça et je les ai regardées avec plus d'assurance.

—Superbe ! s'est exclamée ma tante en relevant la tête.

—Mais tu ne vas pas porter ça ? m'a demandé ma mère inquiète en regardant ses anciennes chaussures.

—Pourquoi pas ? ai-je répliqué sur un ton de défi. Tu les as bien portées, toi !

—Mais ce n'est pas la même chose, tout le monde en portait à l'époque ! Et les bottes que je viens de t'acheter... parce qu'à t'entendre, il te fallait exactement ces bottes-là pour être comme tes amis? demanda ma mère, découragée.

—Justement, j'en ai assez de toujours faire comme les autres, je ne suis pas un mouton!

—Laisse-la donc s'exprimer un peu, elle est si belle comme ça! a dit ma tante.

Le lendemain, j'ai décidé de montrer mon nouveau style à Marie-Ève. Devant sa porte, j'ai eu des doutes: et si j'avais l'air d'une folle?

En me voyant, elle est restée quelques secondes bouche bée, puis elle a éclaté de rire.

—Qu'est-ce que tu fais, déguisée comme ça? C'est pas l'Halloween!

—Je ne vois pas ce que tu veux dire, ai-je répliqué, un peu rudement.

—Tu n'es quand même pas habillée et peignée pour sortir?

—Bien oui! Je suis habillée pour sortir. Il va falloir que tu t'habitues...

Elle a cessé de rire et m'a regardée sérieusement.

—Ça te change beaucoup! Mais... C'est pas si mal... C'est, il me semble que... que je vais avoir l'air super chic à côté de toi, a-t-elle ajouté, embarrassée.

Nous avons passé l'après-midi à sortir tous les vêtements de sa garde-robe pour lui trouver un nouveau genre. À quatre heures, elle n'avait encore rien trouvé qui lui plaisait mais elle m'a donné une jupe et une robe que sa mère avait portées, il y a longtemps.

—Finalement, c'est peut-être mon style à moi d'être comme tout le monde, a-t-elle dit un peu tristement.

Jusqu'à la fin des vacances, seule ou avec Marie-Ève, j'ai fait le tour de toutes les friperies de la ville, à la recherche de vêtements vieillots et bon marché. Mais il n'y avait pas que mon allure qui changeait: j'avais pris l'habitude de réfléchir davantage, de défendre mes idées et mes goûts, de m'informer sur ce qui m'intéressait.

Quand septembre est arrivé, j'avais beaucoup plus confiance en moi. Les premiers jours d'école, plusieurs filles et garçons m'ont demandé où j'avais pris mes bottines, mes ceintures, mes vieilles jupes. Mais je pense qu'ils étaient encore plus intéressés par ma personnalité que par mes vêtements. 🖐

# Être bien
## dans sa peau

Pas facile d'être bien dans sa peau alors que le corps subit des changements auxquels on n'a pas encore eu le temps de s'habituer (seins, barbe, poils, hanches...). Surtout à une époque où l'on met l'emphase sur l'aspect extérieur plutôt qu'intérieur des gens.

Être bien dans sa peau, c'est penser, parler, s'habiller, marcher, danser, comme on en a envie, et non pour faire plaisir aux autres ou leur ressembler.

Être bien dans sa peau, c'est prendre conscience de ses qualités et les mettre en valeur. C'est parfois donner un style particulier à ce qu'on considère être un défaut (par exemple, quelqu'un qui se trouve trop grand pourrait vouloir paraître encore plus grand en portant des chapeaux, des chaussures à talons hauts et de longs vêtements foncés).

Être bien dans sa peau, c'est prendre soin de son corps : être propre, bien s'alimenter, bien dormir, faire de l'exercice, porter des couleurs et des vêtements qui nous conviennent et dans lesquels on se sent à l'aise, avoir une coupe de cheveux qu'on aime.

Être bien dans sa peau, ce n'est pas seulement une question physique, c'est aussi se soucier de sa personnalité : développer ses champs d'intérêt à travers des lectures, des activités ou des conversations qui contribuent à nous rapprocher des autres. C'est apprendre à mieux nous connaître et à mieux comprendre le monde dans lequel nous vivons. ★

# De l'autre côté du miroir

Ce soir-là, au téléphone, Alex et Karim s'inquiètent :

ALEX : — C'est moche la vie !

KARIM : — Qu'est-ce qu'il y a encore ?

ALEX : — On dirait que j'ai une tapisserie à pois rouges sur les joues ou que je suis tombé la tête la première dans une sauce à spaghettis !

KARIM : — C'est rien, l'acné ! Ça se soigne ! Mon problème est bien pire, j'ai l'air de Lilliput. À peine si je peux enjamber un tapis !

ALEX : — T'exagères pas un peu ? Il n'y a pas de raison de paniquer, tout le monde le dit qu'on peut grandir jusqu'à 19 ans. En plus, c'est sûr, tu vas devenir un géant : ton père et ta mère sont tellement grands ; quand ils sont couchés l'un à côté de l'autre, ils doivent faire penser à des rails de chemin de fer ! Je ne vois pas pourquoi tu te plains ! Alors que moi, c'est l'horreur ! Si au moins j'avais de la barbe comme toi, je pourrais cacher un peu mes boutons.

KARIM : — Franchement ! J'avais même pas remarqué que tu en
avais !

ALEX : — Si tu arrêtais de te regarder ou de regarder les filles, tu
verrais bien que j'ai la peau comme une râpe à fro-
mage. Tiens, c'est ça, j'ai la peau comme un vieux
fromage. Non, comme une pizza. C'est ça, comme
une pizza !

KARIM : — À t'écouter avec ta sauce à spaghetti, tes pizzas et
ton fromage, tu me donnes faim !

ALEX : — Eh ! On va manger des frites au Bisou ? ✋

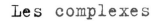

# Les complexes

On pose souvent un regard très critique sur son propre corps, en n'y voyant que les défauts. On se compare aux autres et on leur trouve toutes ces qualités qui nous manquent. On refuse d'accepter les compliments, en pensant que ce ne sont que des politesses. On ne se rend pas compte des qualités que les autres nous envient. On oublie que rares sont les personnes qui n'ont aucun défaut. Même celles qui nous semblent magnifiques, ou qui répondent aux critères de beauté actuels, ne sont pas parfaites.

Accorder trop d'importance à nos imperfections peut nous rendre timides, susceptibles, renfermés, et c'est ce qui éloigne les autres de nous plus que notre physique. En réalité, c'est notre personnalité et non notre beauté qui attire les gens et les incite à rester en notre compagnie.

Pour mieux franchir l'étape de l'acceptation de notre corps, on peut parler avec des amis de ce qui nous dérange, leur demander ce qui leur plaît le plus en nous. Il est également important de remettre en question les standards de beauté que notre société a tendance à établir. Ce qui compte, c'est d'apprendre à s'aimer et à apprécier ce qui est spécial en chacun de nous. ★

# Ça va mal pour Jack

Ah ! J'en ai assez !

Mon père est tout le temps sur mon dos.

Ma bicyclette est brisée.

On a perdu le tournoi de basket.

Je n'ai pas d'argent pour m'acheter des disques.

Le directeur m'a surpris à fumer.

Et...

Oh non ! Je viens de tacher mon beau t-shirt
avec ce foutu stylo !

Mais, pourquoi je vis ?... Tout ce qui me manque, c'est de
devenir débile profond et d'avoir un cancer ! Tiens, je
n'avais pas pensé à ça... Et si ça m'arrivait ?

C'est vrai que tout va mal !

Est-ce qu'il y a au moins une chose qui va bien ?...

Ouais, j'ai beaucoup d'amis et je suis très bon au tennis...

Ouais... Puis demain, c'est mon cours de bio. Plusieurs de
mes amis seront là... et aussi une certaine personne, que
je ne nommerai pas, mais qui me plaît un peu, beaucoup...

Finalement, TOUT ne va pas si mal !...

Oh non ! Je pourrai pas porter mon beau t-shirt !... ✋

## Se sentir malheureux

On a parfois l'impression que tout va mal. Tous les problèmes nous tombent dessus au même moment. On ne voit pas de solution, on pense que ça ne finira jamais et on a alors tendance à se décourager.

À l'adolescence, les difficultés semblent souvent plus grandes qu'à tout autre moment de la vie. C'est une période où l'on s'affranchit de ses parents, où l'on expérimente des choses nouvelles et où l'on a de nombreux choix à faire (amour, amitié, études, travail, etc). Quand on vit certaines choses pour la première fois, il est normal qu'on ne sache pas toujours comment s'y prendre et qu'on ait des doutes sur ses capacités. Mais ce n'est souvent qu'une question de temps et d'expérience pour que la situation s'améliore.

Quand tout va mal, on pense que l'on est seul au monde; on a l'impression que personne ne peut nous comprendre. On a alors tendance à se refermer sur soi. Pourtant, dans ces moments difficiles, rien de mieux que de parler à des amis ou à des adultes en qui on a confiance, d'identifier les problèmes, de leur accorder une juste importance et de chercher des solutions à court et à moyen terme. Tenter de résoudre ses problèmes —et pas seulement y songer— aide à les porter plus légèrement et à comprendre que très souvent, il est possible de modifier certains aspects de notre vie. ★

# Des avances qui n'avancent pas

L'an passé, elle était dans le cours d'anglais. À l'époque, Philippe ne l'avait pas particulièrement remarquée. Il se rappelait surtout son petit rire pointu qui ressemblait à un cri de souris. Mais dernièrement, en croisant Mélanie dans le corridor, il s'était surpris à la regarder avec plus d'attention. Son chandail moulant y était peut-être pour quelque chose. Lorsqu'il l'avait à nouveau croisée, son cœur avait définitivement battu à toute vitesse comme un moteur qui s'emballe. Puis, toute la fin de semaine, il eut hâte au lundi pour la revoir.

Mais l'occasion ne se présenta que le mercredi. Elle était à la cafétéria, à siroter un jus, les yeux perdus au loin comme si le monde était indigne d'elle. Trois filles l'entouraient telles des sentinelles. Il aurait voulu l'approcher, mais il était trop timide. Il se contenta de la regarder discrètement.

À quelques reprises, il fut sur le point d'en parler à Karim et à Alex mais il craignait d'avoir l'air ridicule. Il resta donc seul avec son secret, écrivant des poèmes et rêvassant à Mélanie.

Quelques semaines plus tard, après les cours, il la vit assise seule dans l'entrée de l'école, des écouteurs sur les oreilles. Il s'installa tout près d'elle, adossé au mur. Il leva son col de manteau, mit les mains dans ses poches, redressa la tête et, affichant un air blasé, regarda la neige tomber. Il garda cette pose quelques minutes, feignant d'être sûr de lui alors qu'en dedans, il avait l'impression d'être secoué par un tremblement de terre. Puis, réalisant que Mélanie ne le regardait même pas, il se décida enfin à lui parler. Nerveux, il se tourna vers elle et lui toucha le bras pour attirer son attention. Elle le regarda, surprise.

Au lieu d'entamer la conversation avec des banalités comme le temps qu'il faisait ou l'école, il ouvrit son cœur comme s'il descendait la fermeture éclair de sa veste.

—Il faut que je te parle..., dit-il la voix chevrotante.
—Qu'est-ce qu'il y a? demanda-t-elle en le dévisageant et en enlevant ses écouteurs.

Il prit son courage à deux mains et dit dans un souffle:

—Ça fait longtemps que je pense à toi.

Elle se mit à rire, de son rire de souris, et le regarda de la tête aux pieds.

—D'où tu sors, toi ? Je ne me rappelle même pas t'avoir déjà vu !

—Je suis Philippe Lacerte. L'année passée, on était ensemble au cours d'anglais…

—C'est drôle, je m'en souviens pas, dit-elle impatiente en regardant vers la porte comme si elle espérait du secours.

—J'étais assis derrière toi, dit-il.

—Bof, ça fait longtemps ! De toute façon, je ne remarque pas beaucoup les autres, dit-elle dédaigneuse en le dévisageant toujours avec la même arrogance.

Philippe ne savait plus que dire ni que faire. Une voix intérieure lui murmurait de laisser tomber, de s'en aller, qu'elle ne voulait rien savoir. Mais il se sentait si près du but qu'il ne voulait pas démissionner. Au moins, il en aurait le cœur net ! Et il plongea :

—Veux-tu sortir avec moi ? demanda-t-il à voix basse.

—T'es malade ! Je te connais même pas et tu me demandes de sortir avec toi ? De toute façon, je sors déjà avec un gars, dit-elle durement.

Il resta figé, son rêve se dégonflait comme un ballon qui tourbillonne lentement avant de tomber platement sur le sol. Elle avait raison, lui non plus ne la connaissait pas. «Qu'est-ce qui m'a pris de tomber en amour avec elle? En plus, avec son air bête, elle n'est même pas belle», se dit-il. Déçu, autant d'elle que de lui, il partit.

Les jours suivants, il fit de grands détours pour éviter de la rencontrer. Il n'avait pas envie de sentir les regards sarcastiques de Mélanie et de ses sentinelles. Il se sentait humilié, s'imaginant que tout le monde était au courant de sa déclaration. S'il l'avait pu, il se serait transformé en radiateur, en ampoule électrique ou en toutes ces choses près desquelles on passe, sans les voir.

Un soir, alors qu'il se promenait dans le quartier pour changer d'air, il rencontra Alex qui s'inquiéta de son air abattu. Ensemble, ils reprirent leur marche jusqu'à leur restaurant habituel où Philippe raconta toute son histoire.

—T'aurais dû m'en parler, je t'aurais donné des trucs, dit Alex fièrement. Et puis je le savais, moi, qu'elle sortait avec un gars.

—Tu la connais? demanda Philippe, surpris.

—Je l'ai déjà trouvée à mon goût, moi aussi. Je suis certain de t'avoir déjà dit que cette fille-là se prenait pour une autre, que c'était une vraie chipie! Ah! Oublie ça... C'est qu'elle m'avait tellement fâché avec ses grands airs, dit Alex qui semblait encore lui en vouloir.

—La prochaine fois, je vais m'y prendre autrement ! J'attendrai pas un mois pour parler à une fille et je ne dirai pas à une inconnue que je l'aime. J'ai fait un fou de moi !

—Bof, c'est pas si grave. Avec une autre, ça aurait pu marcher mais elle, c'était pas la façon de l'aborder ; je le sais, j'ai fait pareil. Mais, soyons francs, dit Alex en riant : comme elle ne nous avait pas remarqué ni l'un ni l'autre, elle aurait été folle de sortir avec nous uniquement parce qu'on le lui avait demandé.

—Mais comment il faut faire ? demanda Philippe, découragé.

—Moi, quand une fille me plaît, je la regarde souvent pour qu'elle s'aperçoive que j'existe. J'essaie aussi de savoir si elle a un chum — ça, c'est très important. Si elle a l'air intéressée, je vérifie si on a des amis en commun et, si oui, je m'approche en douce, comme un chat. Sinon, soit je fais le brave et je lui parle de n'importe quoi, soit je vais dans les endroits où elle a l'habitude d'aller. Et s'il le faut, je participe aux mêmes activités qu'elle. Il faut risquer, tu comprends ?

—Eh ! là je comprends pourquoi tu t'étais inscrit à ce cours de ballet jazz !

—Ris pas, ça a marché, non ? Je suis sorti presque deux mois avec Sophie !

—À t'entendre, ça a l'air si simple ! soupira Philippe.

—Ce n'est pas si simple, mais ce n'est pas si compliqué, dit Alex d'un ton connaisseur. Le plus difficile, c'est qu'on devient nerveux en présence d'une fille qui nous intéresse. On veut tellement qu'elle nous trouve spécial et qu'elle nous remarque, qu'on ne sait plus quoi faire. Heureusement, c'est la même chose pour les filles. Elles aussi, elles sont énervées quand elles nous trouvent à leur goût. Ça nous donne un indice pour savoir si on les intéresse.

—Je serai toujours trop nerveux, moi-même, pour m'apercevoir qu'une fille est nerveuse, répondit Philippe qui, rien qu'à y penser, froissait sa serviette de table.

—Eh! tu n'es pas pire que les autres. Mais là, il faut que tu te remues, tu t'es assez morfondu comme ça. Demain, on ira en ville, ça te changera les idées, dit Alex.

Le lendemain, alors que Philippe, Alex et Karim couraient ensemble d'une boutique de disques à l'autre, ils passèrent devant une vitrine où étaient exposées une dizaine de guitares. Philippe eut soudain le désir fou d'en avoir une. Avec Alex, et Karim à sa suite, il entra dans le magasin pour admirer de près celle qui avait attiré son attention.

—Je travaillerai six mois s'il le faut, mais je l'aurai!

—En attendant, je peux te prêter la mienne, dit Karim. Ces temps-ci, je joue surtout du saxophone.

—Tu ferais ça?

Les jours suivants, Philippe s'enferma dans sa chambre. Mais ce n'était plus pour rêver à Mélanie. Il pratiquait les accords que Karim lui avait appris en tentant de mettre en musique ses derniers poèmes. ✤

# Les avances

Quand une personne nous intéresse, souvent on ne sait pas comment s'y prendre pour l'aborder. On est timide, mal à l'aise, on ne sait pas quoi lui dire et, surtout, on a peur d'essuyer un refus. Certains ont si peur qu'ils se fient au hasard, ils attendent que l'autre vienne vers eux ou, tout simplement, ils démissionnent. Pourtant, pour que deux personnes soient ensemble, l'une des deux doit oser faire les premiers pas.

Faire des avances concerne autant les filles que les garçons et c'est moins difficile qu'on le pense. Ce sont des regards, des sourires, des discussions que l'on provoque sur un sujet qui l'intéresse, une invitation à une activité qui lui plaît. Il est donc important d'observer l'autre afin de connaître ses goûts et ses préférences.

On peut supposer que l'autre personne est intéressée si elle nous regarde de façon différente ou à la dérobée, si elle change de comportement quand elle nous voit ou nous parle. Et si cette personne ne semble pas intéressée immédiatement, peut-être le sera-t-elle plus tard !

Si une personne garde ses distances, peut-être est-ce par timidité ? Peut-être aussi, malgré ce que l'on espère, n'est-elle pas intéressée ? Avant d'abandonner la partie, on peut faire une seconde tentative. Si la personne demeure réservée, il vaut mieux ne pas insister.

Mais, le plus important lorsque l'on aborde quelqu'un qui nous plaît, c'est d'être soi-même et d'exercer avec délicatesse tout le charme que peuvent contenir notre voix, nos regards, nos paroles. ★

# Dave dans
# de beaux draps

Hier soir en me couchant, j'ai pensé à Valérie encore plus fort que d'habitude. Ma belle Valérie! Je m'imaginais l'embrasser, la caresser. Mes mains couraient sur elle et s'arrêtaient parfois pour mieux savourer leurs découvertes. C'est souvent comme ça quand je pense trop à elle, tout mon corps devient dur comme de l'acier, mon cœur s'emballe et des images de ses seins, de ses cuisses, de ses yeux, se bousculent dans ma tête.

Mais hier c'était pire, je me tournais à droite, à gauche, sur le dos, sur le ventre. Si j'avais pu, je me serais tenu sur la tête pour que ça passe. Et plus je me tournais dans mon lit, plus ça s'aggravait. Mes mains se promenaient avec encore plus d'audace sur son corps et c'était tellement vrai que j'avais envie de crier son nom et d'embrasser l'oreiller que je tenais dans mes bras. Je disais à mes mains et à ma bouche de rester tranquilles, que si ça continuait j'allais exploser. Ce n'est pas que j'avais peur de devenir aveugle, d'avoir des boutons ou d'épuiser mes réserves de spermatozoïdes et encore moins de devenir fou, je le suis déjà!

À vrai dire, ce qui m'embarrassait tant hier c'était que j'avais l'impression de ne pas être correct avec Valérie en faisant l'amour avec elle sans qu'elle soit là. Puis, j'ai pensé qu'en m'imaginant caresser son corps, ça me faisait une belle expérience pour le grand jour. «Hein, ma belle Valérie, tu ne trouves pas?» lui ai-je demandé dans ma tête qui commençait à tourner.

Puis, les rôles se sont inversés, c'était maintenant Valérie qui caressait mon corps. Oh! C'était bon! Si bon! Mais si on me surprenait, ai-je pensé dans un instant de panique. Quelqu'un pourrait entrer en coup de vent dans ma chambre et tout deviner! Je me suis levé et j'ai marché raide comme une barre jusqu'à la porte. Ouf! Elle était verrouillée.

Sur le lit, l'oreiller m'attendait avec ses yeux brillants et je me suis glissé à nouveau contre elle. «Oh! Valérie», lui ai-je murmuré à l'oreille. Et j'ai senti, oui, comme pour vrai, les caresses qu'elle me faisait. Des caresses très intimes dont je ne vous dirai rien. La tête me tournait de plus en plus vite et j'avais l'impression que mon corps était aspiré par une énorme vague.

«Je t'aime, Valérie», lui ai-je murmuré en regardant l'oreiller blotti contre moi. L'oreiller m'a fait un grand sourire et j'ai su que j'étais de plus en plus fou de ma blonde. ✋

# La masturbation

La masturbation est une activité sexuelle normale ; elle n'est pas le signe d'un trouble physique ou psychologique. Elle ne comporte aucun danger. À l'adolescence, la plupart des garçons et des filles se masturbent et plusieurs continuent de le faire à l'âge adulte. La masturbation peut, par exemple, nous permettre d'attendre le moment où nous serons prêt à faire l'amour ou nous éviter de faire l'amour avec quelqu'un qui ne nous intéresse pas vraiment. C'est également un excellent moyen de mieux connaître son corps, de l'apprivoiser aux caresses intimes et de découvrir ce qui nous plaît. Mais la masturbation demeure un choix personnel. On ne la pratique que si on en a envie. L'important, c'est de se sentir bien dans ses choix. ★

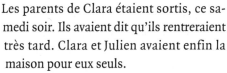

# Clara
## au pays de l'amour

Les parents de Clara étaient sortis, ce samedi soir. Ils avaient dit qu'ils rentreraient très tard. Clara et Julien avaient enfin la maison pour eux seuls.

Ils étaient allongés sur le divan, devant un film. Mais comme ils n'arrêtaient pas de s'embrasser et de se caresser, ils avaient certaines difficultés à suivre l'histoire. Julien ne pensait qu'à une chose : dévêtir Clara qui portait sa robe à petits boutons, toujours si compliqués à défaire.

Mais lorsqu'il dégrafa son pantalon, elle se dégagea vivement.

—T'as pas entendu sonner le téléphone ? Non ? Eh bien, puisque que je suis debout, tu veux que je t'apporte des chips ? demanda-t-elle nerveuse.

Il attrapa sa main pour l'attirer à nouveau vers lui.

—Oublie les chips, c'est toi que je vais manger, dit-il excité, tout en jetant un coup d'œil à l'horloge.

—Dis pas ça, tu me mets mal à l'aise, dit-elle en se faufilant vers la cuisine, non sans admirer au passage les belles cuisses de Julien.

En versant les chips dans un bol, elle sentit de petits tremblements délicieux dans ses mains, dans son corps et dans son cœur. Mais à son excitation se mêlait de l'incertitude.

Elle revint au salon avec une montagne de chips qu'elle posa entre eux sur un coussin. Et quand Jumbo, son chat, s'approcha pour avoir sa part, elle le prit dans ses bras, heureuse de cette distraction.

—Eh! Qu'est-ce que t'as? On dirait que tu me fuis! dit Julien, irrité.

—C'est pas toi que je fuis, c'est tes mains... et le reste, dit-elle à voix basse.

—Mais pourquoi? Tu aimes ça d'habitude qu'on se caresse, dit-il d'une voix inquiète, craignant d'avoir été maladroit.

—J'aime ça mais j'ai peur que tu veuilles aller trop loin, dit-elle en frottant un peu rudement la tête de son chat qui s'enfuit en miaulant.

Julien se cala dans le divan, fixant l'écran de télévision sans rien voir de l'image, le pantalon recroquevillé à ses pieds, comme si lui aussi était déçu. Et pendant qu'il pensait que les filles étaient donc compliquées, Clara se disait que les gars avaient vraiment le don de tout gâcher.

—Je ne veux pas que ça se passe en vitesse dans le salon, en ayant peur que mes parents nous surprennent. Et puis, je veux être certaine qu'on s'aime, que c'est pas seulement une histoire de sexe, continua Clara.

—Mais c'est sûr qu'on s'aime! Ça fait six mois qu'on sort ensemble!

—Pour moi, faire l'amour, c'est quelque chose d'important. Je n'ai pas envie de le faire seulement pour te faire plaisir, pour faire comme mes amies ou pour pas te perdre! Je le ferai quand je sentirai qu'on a bâti quelque chose ensemble, qu'on se connaît, qu'on a confiance l'un en l'autre, tu comprends?

Sous le coup de l'émotion, elle avait parlé vite et était essoufflée. Enfin, elle avait dit ce qu'elle pensait depuis quelques semaines. Mais d'un autre côté, elle sentait que rien n'était réglé. Julien avait de plus en plus envie de faire l'amour. Peut-être même pensait-il parfois à la quitter pour une autre qui, elle, accepterait. À cette idée, son cœur se serra; elle tenait tellement à lui. «Ça doit être ça l'amour», se dit-elle.

Julien, de son côté, n'osait la regarder. Il était déçu, fâché même... C'était bien son karma à lui d'avoir une blonde qui ne voulait pas faire l'amour! se dit-il. Tous ses amis avaient déjà fait l'amour, du moins c'est ce qu'ils disaient. Mais lui, combien de temps devrait-il encore attendre avant que Clara se décide ? Il releva son pantalon et la regarda. Il l'aimait tellement ! Il était si bien avec elle. Elle s'intéressait à un tas de choses. Elle avait beaucoup d'humour. Elle était sensible. Et en plus, elle était tellement attirante. Tout à fait son genre de fille. À vrai dire, il lui trouvait toutes les qualités du monde. Mais comment lui faire comprendre que c'était important pour lui de faire l'amour ? Faire l'amour, c'était ne plus se sentir à part, c'était se prouver qu'il était un homme, c'était faire plaisir à son corps qui n'en pouvait plus de tant désirer Clara et, surtout, c'était lui exprimer tout l'amour qu'il avait pour elle. Devrait-il chercher une nouvelle blonde ? se demanda-t-il avec quelques remords.

Il regarda à nouveau Clara, craignant qu'elle ait deviné cette dernière pensée. Mais non, elle avait la tête basse et fixait un pied du fauteuil. Il pensa à ce que lui avait dit Dave au sujet des filles ; qu'elles étaient vraiment moins pressées que les gars de faire l'amour, que ce qu'elles voulaient surtout c'était de la tendresse. « Moi aussi, je veux de la tendresse, mais je veux aussi du sexe », pensa Julien en se massant le front.

Remarquant son air abattu, Clara s'approcha de lui.

— Sois pas triste, dit-elle doucement. Je ne t'ai pas dit que je ne t'aimais pas, j'ai seulement dit que j'avais un peu peur de faire l'amour. Je ne sais pas si je suis vraiment prête. Quand je suis seule, je pense que oui, mais quand tu es là, que ça pourrait arriver, je ne sais plus.

—Pourquoi vous êtes si compliquées, si romantiques, vous autres les filles ? Moi, je ne sais plus quoi penser ! dit-il en prenant des chips qu'il grignota avec rage en regardant l'écran où un couple était en train de se déshabiller en s'embrassant à pleine bouche.

—T'es fâché, Julien ?

—Un peu... Tu vois, c'est pas compliqué pour eux. Ils ont envie de faire l'amour, ils le font, dit-il en pointant la télé avec son menton. Ce soir, en marchant pour venir te voir, je nous imaginais en train de nous embrasser et de faire l'amour. C'était très simple et très beau. Rien à voir avec ce qui arrive maintenant.

—Alors, toi aussi, t'es romantique ?!

—Bien sûr que je le suis ! Ça te surprend ?

—On entend tellement dire que les gars n'ont pas besoin d'aimer pour faire l'amour, dit-elle en caressant son chat revenu se coucher sur ses genoux.

—C'est vrai que bien des gars, et sûrement certaines filles aussi, peuvent faire l'amour sans aimer. Ça ne veut pas dire qu'ils ne sont jamais en amour ! Ça ne veut pas dire non plus que tout le monde est fait comme ça. Mais en ce qui me concerne, je t'aime, sinon crois-tu que je resterais là à attendre que tu sois prête ?

—Tu sais... peut-être que tu n'auras pas à attendre si longtemps. Je ne suis pas compliquée, j'ai seulement besoin d'être un peu apprivoisée et d'être sûre que tu m'aimes, dit-elle en le prenant par le cou et en se serrant contre lui.

—Je veux bien attendre, mais pas toute la vie. Je ne suis pas fait de bois, comme disent les vieux, lui chuchota-t-il à l'oreille en lui caressant les fesses.

—Julien? Eh... As-tu déjà fait l'amour?

—Eh bien... non... Je vais même t'avouer que, moi aussi, j'ai un peu peur. J'ai peur de ne pas être correct, d'être maladroit. Mais j'en ai tellement envie, répondit-il en la regardant avec des yeux brillants.

—On a peur des mêmes choses mais pas pour les mêmes raisons, dit-elle en lui caressant les cuisses et en l'embrassant.

Plus tard, Jumbo miaula devant la porte de la chambre de Clara. Mais il dut attendre longtemps pour entrer. Clara et Julien, enlacés sur le lit, s'embrassaient et leurs mains glissaient sur le corps l'un de l'autre, comme elles l'avaient fait si souvent. Serrés étroitement l'un contre l'autre, ils se regardaient, heureux d'être ensemble, heureux de leur amour. L'un après l'autre, leurs vêtements s'étaient accumulés sur le sol afin que leurs corps soient encore plus proches. Leurs baisers étaient de plus en plus profonds et leurs caresses de plus en plus intimes. Doucement, Julien pénétrait Clara et leur amour grandissait de se sentir unis l'un à l'autre. Tous deux savaient qu'ils venaient d'entrer dans un monde merveilleux où leurs corps pouvaient enfin exprimer tout l'amour contenu dans leurs cœurs.

Non, Jumbo ne put rien voir de tout ça. Il ne put qu'entendre de l'autre côté de la porte de profonds soupirs amoureux. ✤

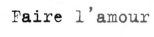

# Faire l'amour

Pour la plupart des gens, la sexualité est un geste d'amour, de tendresse, de confiance mutuelle. Mais à l'adolescence, on peut éprouver du désir pour la personne que l'on aime, tout en ayant de la difficulté à s'abandonner à ses caresses. C'est normal car notre corps n'a pas encore appris à partager ce qu'il a de plus intime.

Il est parfois difficile de distinguer l'amour de la sexualité. On éprouve du désir pour quelqu'un, on ne rêve que de son corps, de ses mains et on croit l'aimer. Puis, après avoir fait l'amour ou simplement après quelques caresses, on n'éprouve plus les mêmes sentiments, ils s'atténuent ou disparaissent. Ce n'est souvent qu'au fil du temps et des expériences que l'on apprend à faire plus facilement la distinction. Tout comme ce n'est qu'au fil du temps et des expériences que l'on découvre nos valeurs personnelles face à la sexualité (l'amour, le plaisir, le partage, l'érotisme, la fidélité, etc.).

Lorsqu'on fait l'amour, la communication est importante puisqu'elle nous permet de manifester nos envies, nos joies, nos inconforts. Faire l'amour, c'est non seulement apprendre les gestes qui nous plaisent et plaisent à notre partenaire, c'est également développer certaines attitudes : la délicatesse d'approche, la confiance, le respect et la générosité. ★

# La limite

Mes amis et moi en avions par-dessus la tête de passer nos soirées à geler sur le trottoir. On avait besoin d'un endroit où aller. Un jour, j'ai pris les choses en main et j'ai appelé Marie-Ève.

—Il faut qu'on ait une Maison des jeunes dans notre quartier, ai-je dit d'un ton décidé.

—Mais Isabelle, c'est bien trop compliqué, dit-elle, découragée rien qu'à y penser.

—On va s'organiser, ai-je répondu, sûre de moi comme un politicien en campagne électorale.

Les jours suivants, notre projet bien planifié en main, nous sommes allées de porte en porte faire signer une pétition et recruter des gens. En peu de temps, nous avons formé un comité d'une dizaine de personnes. Le père de Marie-Ève, qui est travailleur social, nous aidait à écrire les lettres et nous fournissait les noms des organismes qui pouvaient nous soutenir et ceux des fonctionnaires qu'il nous fallait convaincre.

Mathieu, un gars du quartier, s'était joint à nous ; il disait avoir des contacts qui feraient avancer rapidement le dossier. Il était grand, avec des cheveux bruns et des yeux noirs très brillants. Sans être spécialement beau, il avait beaucoup de charme. Et il savait s'en servir : il courait après toutes les filles et plusieurs d'entre elles lui couraient après. Comme je n'avais pas envie de faire partie de sa collection d'admiratrices, je gardais mes distances.

Il devait être intrigué par mon indifférence car plus les semaines passaient, plus il semblait s'intéresser à moi. À vrai dire, il faisait peu de choses pour la Maison des jeunes, trop occupé qu'il était à faire le coq.

Après les réunions, il nous invitait Marie-Ève et moi à prendre un verre dans un bar, près de chez nous. Mais chaque fois, nous refusions. Il faut dire que Marie-Ève venait de rompre avec Guillaume et elle n'avait pas la tête à s'amuser. En plus, elle ne pouvait pas supporter Mathieu ; elle disait qu'il était manipulateur.

Un soir, Marie-Ève est partie avant la fin de la réunion et quand Mathieu m'a proposé de poursuivre la discussion ailleurs, j'ai accepté. Malgré toutes les réserves que j'avais à son sujet, je devais m'avouer qu'il m'attirait beaucoup. Au bar, il a insisté pour que je prenne une bière. Quand je lui ai dit que je n'avais même pas l'âge d'être là, il s'est mis à rire.

—Je te pensais plus dégourdie que ça, Isabelle, a-t-il dit en souriant et en me regardant dans les yeux avec insistance.

Je n'avais pas envie de cette bière mais j'ai accepté pour ne pas avoir l'air d'une fille tout juste sortie du ventre de sa mère. C'était une erreur d'entrer dans son jeu et de lui laisser croire qu'il pouvait faire de moi ce qu'il voulait. Peut-être aussi comptait-il sur l'alcool pour affaiblir ma volonté.

À dix heures, je me suis levée pour rentrer.

—Où tu vas ? T'es pas bien avec moi ? Tu vas me faire de la peine si tu pars, a-t-il dit en me prenant la main et en la tirant doucement pour me forcer à me rasseoir.
—Il faut que je m'en aille, j'ai un examen demain.

Je ressentais l'urgence de me retrouver dans ma chambre, à l'abri. Je savais que si je restais, il deviendrait insistant. Il m'attirait beaucoup mais il y avait quelque chose en lui qui me déplaisait.

—Viens chez moi, dit-il en me retenant par la main. Je fais ce que je veux et j'invite qui je veux dans ma chambre. Comme tu vois, je ne suis plus un enfant, moi.

C'était sûrement son baratin habituel pour accrocher les filles. J'ai fait semblant de ne pas l'entendre, j'ai mis mon manteau et je suis partie.

Malgré cette fin de soirée désagréable, j'avais hâte d'être au mardi suivant pour le revoir. Au fond de moi, j'espérais que l'intérêt qu'il me portait était sincère. Mais il n'est pas venu à la réunion suivante. J'étais déçue. Toute la semaine, je me suis pressé le cerveau comme un citron en me demandant : « Est-ce qu'il m'aime ? L'ai-je repoussé trop brusquement ? L'ai-je fait fuir ? Est-ce que je dirai oui la prochaine fois ? » Et bien d'autres questions sans réponse !

La semaine suivante, en le voyant apparaître dans le cadre de la porte avec son éternelle veste de daim brun et ses longues jambes, je n'ai pu m'empêcher de lui faire un grand sourire et de rougir comme une bouteille de ketchup. Toute la soirée, il m'a déshabillée du regard. Le trouble qui m'envahissait et que je ne parvenais pas à dissimuler complètement semblait le combler.

Après la réunion, j'ai dit à Marie-Ève de partir sans moi, que je voulais être seule avec lui. Quand elle m'a chuchoté de faire attention, je lui ai donné un coup de coude pour qu'elle se taise ; je ne voulais pas que Mathieu nous voit parler de lui. Elle n'a pas insisté et elle est sortie.

—J'aimerais vraiment que tu viennes voir ma chambre, a-t-il dit en m'entourant les épaules de son bras. J'ai même un système de son.

—Non. Pas tout de suite, ai-je répondu en me dégageant de lui.

—Je pensais pourtant que tu me trouvais de ton goût. Je n'ai pas de temps à perdre. Dis le si je me fais des illusions !

—Je sais bien ce qui va arriver si je vais chez toi.

—Tu te fais des idées. Tout ce que je veux, c'est qu'on écoute de la musique et qu'on danse si tu en as le goût. Je ne t'en demanderai pas plus. Tu viens?

Je ne savais plus que penser. Il me faisait des yeux si doux que je me suis convaincue qu'il m'aimait. Après tout, il n'y avait aucun danger, il l'avait dit lui-même qu'on ne ferait que danser. J'ai donc accepté même si une petite voix en moi n'était pas trop d'accord et me répétait de me tenir loin de lui.

Comme deux voleurs, nous sommes entrés sans faire de bruit par une porte du sous-sol. Sur le mur de sa chambre, il y avait des posters de groupes rock et une immense étagère où s'entassaient ses bandes dessinées et ses disques.

—Choisis un disque, a-t-il dit.

Comme je me dirigeais vers l'étagère, il m'a touché le bras :

—Je vais t'aider à enlever ton manteau.

Je me sentais comme une reine à qui on porte beaucoup d'attention.

Lorsque les caisses de son se sont mises à cracher la musique, il m'a pris la main et nous nous sommes amusés à faire des chorégraphies rigolotes en sautant sur le lit, le bureau et la chaise. Le rythme a ralenti et il m'a prise dans ses bras en me chantant les paroles à voix basse. Je sentais son souffle dans mon cou et l'odeur du tabac qui collait à ses cheveux. Cela m'étourdissait un peu. Puis, il m'a donné ce genre de baiser à déboulonner une tête des épaules. Ses mains ont glissé doucement sur mes hanches et mes fesses. Je ne savais plus si je devais me sentir bien ou mal. Soudain, il s'est serré contre moi en se frottant avec tant d'insistance que je pouvais sentir son érection à travers ma jupe. Il a relevé mon chandail pour me caresser les seins.

—T'avais dit qu'on ne ferait que danser !

J'ai reculé et arrangé mon chandail.

—C'est ça qu'on fait, non ? a-t-il répliqué, impatient.
—Pas comme ça ! Je ne veux pas que tu me touches !
—C'est difficile de danser sans se toucher. De quoi tu as peur ? a-t-il demandé d'une voix radoucie et en reprenant ses caresses.

Je me sentais malheureuse. J'étais dans ses bras, raide comme une barre de fer. Je me sentais prise au piège. Je ne voulais qu'une chose, m'en aller. Tout à coup, il a essayé d'enlever ma jupe. C'en était trop ! La colère a fait fondre ma peur. Je l'ai repoussé violemment.

—Arrête ! Tu vas trop loin ! Je t'ai dit non ! Tu vois bien que j'en ai pas envie !
—Pas si fort, ils vont t'entendre ! a-t-il dit d'un ton dur.
—Je croyais que tu faisais tout ce que tu voulais dans ta chambre, ai-je alors crié pour être entendue.

Il s'est rapproché et m'a poussée sur le lit. J'ai crié si fort qu'il m'a libérée.

—T'es rien qu'une aguicheuse ! a-t-il dit en me jetant dehors avec mes affaires.

—Et toi, t'es rien qu'un malade ! Un menteur ! Un violeur ! ai-je crié à travers la porte.

J'étais dans le froid de l'hiver, les vêtements tout à l'envers. En rajustant ma jupe et en attachant mon manteau, j'ai pleuré, soulagée d'être enfin libre mais aussi en colère de m'être laissée manipuler comme une marionnette.

Quand je suis rentrée à la maison, il était à peine dix heures mais il m'était arrivé tant de choses que j'avais l'impression qu'il était très tard. Mes parents étaient dans le salon à regarder les informations.

—Et puis, ça avance votre affaire ? m'a demandé mon père.

—Oui, ça avance même très vite, ai-je répondu en pensant à Mathieu.

Puis j'ai téléphoné à Marie-Ève et, en pleurant, je lui ai raconté ce qui m'était arrivé. ✋

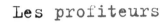

# Les profiteurs

Il arrive qu'on se sente obligé de faire des choses dont on n'a pas envie. Parfois, c'est pour ne pas avoir l'air différent, par peur de perdre l'autre ou, au contraire, pour le conquérir, pour qu'il nous aime, pour ne pas être seul aussi. Les profiteurs savent très bien reconnaître les faiblesses des autres et s'en servir pour les manipuler.

Un profiteur, c'est une personne qui insiste, malgré un premier refus, qui fait du chantage émotif (par exemple : si tu ne veux pas, c'est que tu ne m'aimes pas), qui cherche à se rapprocher bien plus de notre corps que de notre cœur. On n'a pas à accepter que quelqu'un nous touche si on ne le désire pas. Même si l'autre nous désire, nous n'avons pas à nous soumettre à sa volonté. Quand quelqu'un nous force à dépasser nos limites, il est clair qu'il ne nous aime pas, qu'il ne nous respecte pas. Tout ce qu'il veut, c'est satisfaire ses besoins sans considérer ce que nous ressentons. Cela n'a rien à voir avec l'amour.

On peut reconnaître les personnes profiteuses en les voyant agir avec d'autres. Elles essaient souvent de plaire en jouant de leur charme et en se souciant peu de ce que les autres ressentent. Ce sont des gens qui savent utiliser nos sentiments et notre difficulté à dire non. Il n'y a pas que les gars qui peuvent être profiteurs. Les filles qui s'amusent à collectionner les gars et à jouer avec leurs sentiments sont également profiteuses.

On reconnaît parfois des comportements profiteurs en amitié : par exemple quand un ou une amie nous fait du chantage émotif (si tu ne viens pas avec moi, c'est que tu n'es pas mon ami). Certaines personnes entretiennent des relations amicales uniquement pour bénéficier d'avantages (par exemple : être aidé au moment des examens, obtenir des prêts d'argent, entrer dans un cercle d'amis, etc.).

En amitié comme en amour, il est important de sentir qu'on peut avoir confiance dans les personnes qui nous entourent. Quand on sent un déséquilibre, une manipulation dans une relation, il vaut mieux s'éloigner. ★

# Dave
## chez le pharmacien

Aujourd'hui je suis allé à la pharmacie. Je voulais m'acheter des condoms. C'est normal, Valérie et moi, on est en amour par-dessus la tête et sûrement, bientôt... Je suis resté longtemps à examiner les boîtes, ne sachant laquelle choisir. Il y a tellement de sortes : des lubrifiés, des non lubrifiés, avec ou sans spermi-cide, avec ou sans bout réservoir, en couleur, transparents. Et aussi, tellement de marques : Ramsès, Shields, Ortho, et bien d'autres encore ! Comment s'y retrouver ? J'essayais de passer inaperçu quand tout à coup j'ai accroché l'étagère et vlan! les boîtes sont tombées en cascade sur le plancher.

Un employé s'est approché pour m'aider. Je me sentais devenir rouge comme une tomate, mais j'ai fait semblant de m'y connaître; j'ai mon orgueil!

—Où sont les condoms de taille moyenne? ai-je demandé d'un ton hautain pour cacher mon malaise.

—Eh bien, sauf pour les pénis d'une grosseur vraiment très exceptionnelle, il n'y a qu'une seule grandeur, dit-il en penchant la tête, comme pour vérifier si j'étais un cas particulier.

Je me suis revu à la piscine, dans les douches avec d'autres gars et, sincèrement, j'étais dans la moyenne. Prenant mon courage à deux mains, j'ai décidé de ne plus faire le fanfaron et de lui demander conseil. Je suis reparti avec une boîte de condoms enduits de spermicide, efficaces non seulement contre les MTS mais aussi « contre la paternité », m'a-t-il dit. Ce soir, je me promets une petite séance d'essayage, tout seul dans ma chambre. Comme ça, quand viendra le temps d'en utiliser avec ma belle Valérie, je ne serai pas trop nerveux. Du moins, pas à cause des condoms! ❦

## Les condoms

Chacun a la responsabilité de son corps. Avoir un enfant alors que l'on n'est pas prêt est un sérieux problème que l'on peut éviter. Certaines maladies transmises sexuellement — comme le sida — peuvent avoir des conséquences graves et à long terme sur notre vie, il est important de s'en protéger. Il est donc normal, lors des relations sexuelles, d'exiger de son partenaire qu'il porte un condom ou que notre partenaire accepte que l'on en porte un. Même si notre partenaire exerce des pressions (si tu m'aimes..., je n'ai aucune maladie..., il n'y a aucun danger, etc.), on doit refuser de faire l'amour sans protection. Si notre partenaire nous aime réellement, il n'hésitera pas à accéder à notre demande.

Pour diminuer le stress au moment d'utiliser un condom, on peut au préalable s'exercer seul en prenant son temps et en lisant les instructions incluses dans la boîte.

Il n'y a pas d'âge pour acheter des condoms. Les filles comme les garçons peuvent s'en procurer (dans les pharmacies, les épiceries, les tabagies, les machines distributrices, etc.). Au besoin, il ne faut pas hésiter à demander des informations au pharmacien. Acheter des condoms est un geste normal : des millions de personnes en achètent et en utilisent chaque jour sur notre planète. ★

# Silence, on boude !

C'était la fin des cours et tout le monde quittait l'école à grands pas ; seuls, Dave et Valérie restaient dans la cour, face à face, sans bouger ni parler.
Ne supportant plus le silence de Valérie, à qui il venait de demander pour la dixième fois ce qui n'allait pas, Dave s'éloigna vers la sortie.

—C'est ça, va retrouver ta Julie ! cria Valérie. Je ne veux plus te voir.

Surpris, Dave revint sur ses pas.

—Ma Julie ? Mais c'est une crise de jalousie ? Tu le sais que Julie, c'est une amie. C'est pas comme avec toi ! Je passe mon temps à te téléphoner. Je me tape une heure de marche pour aller te voir quand tu passes les fins de semaine chez ta mère. Je pense tout le temps à toi. Je tonds même le gazon de ton père à ta place. Veux-tu qu'en plus je porte un détecteur qui se mette à sonner chaque fois que je parle à une autre fille ?

Valérie se croisa les bras et lui tourna le dos.

—Essaie pas de faire ton drôle, ça prend plus avec moi! Va donc
plutôt faire rire ta Julie!
—Valérie, tu te trompes!
—Non, c'est toi qui me trompes!

Puis elle partit en pleurant, laissant Dave triste et confus.

Durant la soirée, Valérie, couchée sur son lit, écoutait de la
musique en pleurant sur son sort, lorsque son père cogna une
fois de plus à sa porte.

—Téléphone, pour toi. C'est encore Dave. Si tu ne veux plus lui
parler, dis-le-lui toi-même, je ne suis pas ton porte-parole.
—T'as qu'à pas répondre!

Son père entra et s'assit sur le lit près d'elle :

—Qu'est-ce qu'il a fait de si grave?

Valérie éclata en gros sanglots.

—Il m'aime pas, il parle toujours aux autres filles! Les gars sont
tous pareils, tout ce qu'ils veulent, c'est collectionner les filles.
Nous, on compte pas là-dedans!

Son père la regarda avec impatience :

—C'est vrai que tu ne comptes pas pour Dave : ce soir, il a appelé
cinq fois, même si tu ne veux pas lui parler! Il marche des
heures pour aller te voir chez ta mère! Il tond même notre

gazon le samedi matin, alors que je te paie pour le faire. Qu'est-ce que tu veux de plus comme preuve?

—C'est drôle, Dave m'a dit la même chose! dit Valérie en se redressant sur son lit. Mais s'il m'aime, pourquoi il ne me le dit pas?

—Tu sais, on a chacun notre façon de le dire. Bon, ça suffit! Tu veux lui parler? Ça fait deux minutes qu'il attend que madame se décide. À sa place, j'aurais raccroché depuis longtemps.

—Je ne peux pas lui parler, il va s'apercevoir que j'ai pleuré.

Mais en voyant le regard de son père, elle comprit qu'il était temps qu'elle se ressaisisse. Il quitta la pièce et elle décrocha le téléphone.

—Allo? Dave? dit-elle d'une petite voix coupable.

—Non, c'est le capitaine Haddock! répondit-il sèchement.

—Dave … Ça m'énerve trop que Julie soit toujours à tes trousses.

—Eh bien! moi ça m'énerve trop que tu me dises toujours ça! Julie c'est mon amie, rien de plus mais rien de moins non plus. T'en as bien toi aussi des amis et je te casse pas les oreilles avec ça! Et puis, ça ne t'arrive pas de regarder d'autres gars?

—Un peu. Des fois...

—Bon! Tu vois bien que c'est normal. Et ça ne veut pas dire qu'on les aime. Et même, des fois, ça nous permet de mieux apprécier notre blonde ou notre chum, tu penses pas?

—C'est vrai. Quand je regarde Pierre... répondit Valérie, le
sourire en coin.
—Pierre? C'est qui, ce Pierre-là?
—Ah! C'est un ami. Tu sais ce que je veux dire... Dave, c'est vrai
que tu m'aimes?
—Comment t'as fait pour le deviner? T'as consulté une voyante?

Valérie sourit:

—Comme ça, c'est vrai?
—Mais oui, c'est vrai!
—Plus qu'avant?
—Ah! Valérie! Mais oui, plus qu'avant.
—Mais dis-le moi.
—Quoi?
—Que tu m'aimes!
—Je viens de te le dire.
—Tu ne l'as pas DIT.
—Ah! Valérie! D'accord, je te le DIS: Je t'aime... Ça va mieux
maintenant?
—Oui. Beaucoup mieux. 🖐

# Est-ce que l'autre m'aime ?

Les gens ne sont pas tous semblables. Certains gestes peuvent avoir une plus grande signification pour une personne que pour une autre. Quand on vit une relation avec quelqu'un, il est donc important d'apprendre à connaître l'autre, savoir traduire tous ces petits gestes qui sont autant de preuves d'amour.

Certains comportements expriment les sentiments que l'autre éprouve pour nous. Par exemple, si notre partenaire essaie de nous comprendre, s'il s'intéresse à ce que nous faisons, s'il écoute ce que nous avons à dire, s'il prend plaisir à partager nos activités, s'il a des gestes de tendresse et du désir pour nous, s'il nous fait confiance, nous pouvons en conclure qu'il nous aime.

Toutefois, pour certains, l'amour est primordial alors que pour d'autres, il représente seulement un des aspects de la vie. Cette place différente que l'amour occupe dans nos vies peut créer un déséquilibre et des insatisfactions de part et d'autre. Idéalement, dans un couple, les deux partenaires ont les mêmes priorités (pour certains couples, ce sera l'amour; pour d'autres, la famille ou la réussite sociale). Ce qui importe, c'est de respecter nos propres valeurs et non d'adhérer à celles de notre partenaire, uniquement pour faciliter la relation ou pour lui plaire. Il est enrichissant de s'ouvrir au monde de l'autre : sa musique, ses amis, ses activités préférées mais, même par amour, on ne doit jamais oublier qui on est, quels sont nos intérêts, nos valeurs, nos priorités. Il importe également de se faire confiance, d'avoir chacun son propre monde, de se laisser de l'espace, de la solitude, sans craindre que l'autre cesse de nous aimer ou qu'il nous soit infidèle. ★

# Le doute
## de Jack

Qu'est-ce que j'ai à toujours le regarder ? Quand je le vois, il me semble que je rougis et que j'essaie de l'impressionner. Je le suis des yeux, comme si c'était une fille.

L'autre jour, aux douches, après le basket, je ne pouvais pas m'empêcher de fixer ses fesses et ses cuisses. En plus, j'ai rêvé que je l'embrassais. Ça c'était trop. Je ne veux plus que ça arrive... Pourtant, il me semble que j'aimais ça... Mais je ne veux pas m'en rappeler. Et puis, ça ne se peut pas que je trouve un gars à mon goût. Pas moi ! J'aime les filles ! Je ne suis pas homo !... Et ça serait trop compliqué. Ça me rend fou d'imaginer ce que penseraient mes parents, mes amis, mes profs, les voisins... Plus personne me parlerait comme avant... Mais peut-être que je me trompe. Toute la famille aime beaucoup mon oncle Fred qui vit avec Paul. On les voit se serrer, s'embrasser dans le cou ou sur la bouche et ça ne nous dérange pas. Et puis, il y a ce couple de femmes dans notre rue, elles se tiennent toujours par la main, et ça ne fait pas de problèmes...

Si j'étais homosexuel, ça voudrait dire que... que moi et un gars, on s'embrasserait, comme dans mon rêve ? Qu'on se caresserait ? Que je vivrais peut-être avec lui, comme un vrai couple ?

Oui mais moi, c'est pas pareil. Je ne veux pas être homosexuel !... Mais si je l'étais ?...

Et pourtant, il y a cette Isabelle avec qui je me sens bien ! Qu'est-ce que ça veut dire tout ça ? Ouais, peut-être que ça ne veut rien dire... Seulement que je ne sais pas encore...

Ah ! pourquoi je me pose toujours toutes sortes de questions, moi ? C'est surtout à cause de ça que je ne suis pas comme les autres ! ✋

## L'homosexualité

Pour les garçons comme pour les filles, se demander si on est homosexuel est fréquent à l'adolescence. Cela fait partie de la recherche de l'identité sexuelle. Des rêveries ou quelques expériences sexuelles avec quelqu'un du même sexe ne signifient pas forcément qu'une personne est homosexuelle.

On ne choisit pas son orientation sexuelle ; par contre, on peut choisir de bien la vivre. Une orientation sexuelle mal acceptée peut susciter une faible estime de soi, le sentiment d'être anormal et la peur d'être rejeté. Pourtant, plusieurs sont attirés par des personnes du même sexe. Au cours des dernières décennies, grâce à l'affirmation de quelques générations d'homosexuels, la perception sociale de l'homosexualité s'est transformée. Et si les générations actuelles continuent d'exprimer librement leur homo-sexualité, cette acceptation sociale n'ira qu'en s'accentuant. De plus, au fil du temps et des expériences, on apprend généralement à mieux vivre son orientation sexuelle.

Si notre questionnement ou nos sentiments concernant notre orienta-tion sexuelle deviennent trop lourds à porter, des professionnels peuvent nous aider. Il existe des services gratuits d'écoute téléphonique où des gens compréhensifs et expérimentés viennent en aide aux jeunes qui ont des difficultés ou des questionnements sur leur identité sexuelle. On peut aussi rencontrer des conseillers à l'école ou dans les centres de santé. ★

# La répétition

Philippe avait hâte que l'examen se termine. Après, il avait rendez-vous au gymnase de l'école avec Alex et Karim pour une répétition de l'orchestre, avant le party de fin d'année. Il avait hâte de leur faire entendre son solo de guitare. C'était génial.

Mais d'abord, Karim et lui devaient passer l'examen de maths. Et le prof semblait moins pressé qu'eux. Avant de leur remettre les copies, il leur expliqua en long et en large les modalités de l'examen, demandant après chaque phrase : « C'est clair ? » Puis, il fit ses recommandations pour les vacances à venir. « Vraiment, ce n'est pas le moment ! », se dit Philippe. Enfin, il eut sa copie. C'était un examen à choix multiples. Ce serait simple : quelques crochets ici et là et ce serait fini, il pourrait rejoindre Alex. Le prof circulait dans les rangées, les mains derrière le dos, la tête penchée comme un hibou au-dessus des épaules des étudiants. On pouvait entendre le bruit d'une trentaine de crayons, picorant les bureaux, attendant l'inspiration ou le retour de la mémoire pour se mettre en marche. Tout le monde se creusait les méninges, mais Philippe était déjà à l'attaque.

Il termina le premier. En passant près de Karim, il lui glissa à l'oreille :

—Dépêche-toi, on t'attend.
—Je fais ce que je peux ! Je coulerai quand même pas mon examen parce que t'es énervé ! répondit sèchement Karim.

Le prof s'approcha d'eux, furieux.

—Qu'est-ce qui se passe ici ? On se souffle les réponses ?
—Je lui disais seulement de se dépêcher. On a une répétition, dit fièrement Philippe.
—Me prends-tu pour un imbécile ? demanda le prof, les yeux ronds de colère.
—On n'a pas triché ! s'exclama Philippe, voyant dans cette discussion de belles minutes de répétition se perdre.
—Et si je vous envoyais chez le directeur ?

Il semblait réellement décidé à le faire.

À cette idée, Philippe faillit s'emporter. On savait quand on entrait chez le directeur, mais pas quand on en sortait !

—Qu'est-ce que t'attends pour lui dire qu'on n'a pas triché ? demanda-t-il à Karim.
—On n'a pas triché pour la simple raison que je suis meilleur que lui en maths. Qu'est-ce que ça me donnerait de connaître ses réponses ? Et, dans l'état où il est aujourd'hui, je serais curieux de voir sa copie, dit Karim en riant.

Autour, les étudiants commençaient à s'agiter et à parler. Le prof dut penser qu'il valait mieux libérer Philippe que de laisser plus longtemps la classe sans surveillance.

—Bon! Vas-y! Mais je vous avertis tous les deux : si vos réponses se ressemblent, on aura une petite discussion.

Cet incident avait accru l'impatience de Philippe. Aussitôt, il se rua vers le gymnase. Dans un bruit d'enfer, Alex faisait déjà aller ses baguettes sur les caisses.

—Ouah! T'as fait vite, s'exclama-t-il en le voyant.

Il semblait en grande forme. «Ça va être super», se dit Philippe, excité. Ils pratiquèrent une pièce, puis une autre. Mais comme il manquait le saxophone de Karim, les airs semblaient monotones, ennuyeux.

Ils attendirent Karim en lançant le ballon dans le filet. Mais une demi-heure plus tard, il n'était toujours pas arrivé. Philippe lança le ballon contre le mur, irrité.

—Je vais voir ce qu'il fait

Il remonta au local. Par la fenêtre de la porte, il vit une vingtaine d'étudiants encore au travail, dont Karim. «Ça ne finira donc jamais cet examen-là !» se dit Philippe en s'éloignant. Il longeait le corridor quand il remarqua cette fameuse petite boîte rouge accrochée au mur et qu'il ne faut toucher qu'en cas d'urgence. «Moi, j'en ai une urgence, il sera bien obligé de sortir !» se dit-il. Et sans réfléchir, il abaissa la languette et le système d'alarme se déclencha en émettant un énorme touin-touin-touin-touin. L'école semblait emprisonnée dans le ventre d'un canard géant. Aussitôt, des portes s'ouvrirent et, surgissant de partout, une foule bigarrée se mit à crier et à courir vers la sortie en se bousculant. Philippe s'élança lui aussi, effrayé de ce qu'il venait de faire. Sur le chemin du gymnase, il croisa Alex qui montait l'escalier quatre à quatre. Philippe l'intercepta.

—Il n'y a pas de danger, fit-il les yeux hagards.

—On ne sait jamais! Ça ne crie pas pour rien ces trucs-là! répondit Alex, en tirant Philippe par le bras pour l'entraîner dehors.

—Faut que tu m'aides! Dis pas que je suis remonté en classe! chuchota Philippe, affolé.

—C'est toi qui as fait ça? T'es malade! Es-tu fou? Tu veux aller en prison?

—En prison? demanda Philippe tout tremblant.

—Tu peux aller en tôle pour ça! Tu y as pensé, espèce de crétin? Eh! c'est pas le moment de te dégonfler, dit-il en voyant Philippe blêmir. Si on ne veut pas être soupçonnés, il faut rejoindre les autres. Mais là, remue-toi! Change d'air! Fais l'air de rien... Ah! Que t'es nul des fois! dit-il en l'entraînant dans la cour où tout le monde s'était rassemblé.

En entendant le bruit des sirènes de voitures de police et de pompiers qui s'approchaient, Philippe se sentit défaillir. Il ne pensait qu'à une chose: se cacher. Mais il se rappelait le conseil d'Alex: ne pas attirer l'attention. De toute façon, il n'aurait pas pu aller très loin, ses pieds étaient comme fondus dans l'asphalte et ses jambes étaient molles comme des manches de chemise.

Quinze minutes plus tard, on savait que c'était une fausse alarme et les rumeurs au sujet de la reprise de l'examen commençaient déjà à circuler. Soudain, quelqu'un accrocha Philippe par le bras, l'obligeant à se retourner. Il n'avait jamais tremblé si fort. Il se voyait déjà en prison. À cette pensée, il ne put se retenir. Quelques gouttes d'urine mouillèrent ses jeans.

—Si j'attrape le coco qui a fait ça, il va finir en omelette, disait la personne qui lui tenait toujours le bras.
—Karim, c'est toi?

Philippe faillit pleurer de soulagement.

—C'est débile! continuait Karim. J'ai entendu dire que ceux qui étaient encore dans la classe quand l'alarme a sonné devront reprendre l'examen samedi matin. Avec d'autres questions, évidemment! Tout le monde est écœuré! Perdre un samedi à cause d'un coco taré!
—Eh! mais on devait répéter samedi! s'indigna Alex.
—Pas de répétition aujourd'hui, pas de répétition samedi! On va faire de la bonne musique au party! dit Karim toujours aussi furieux.

Philippe était blanc comme un verre de lait et ne parlait pas. Il avait peur et il avait le sentiment d'être un vrai crétin. Il fallait qu'il parte avant que la police l'épingle ou avant qu'il se mette à tout raconter pour soulager sa conscience.

—Bon! Il se passe rien. On s'en va? réussit-il à articuler.
—Ouais, c'est une bonne idée ça, dit Alex comprenant la hâte de Philippe.

En se frayant un chemin dans la foule, Philippe entendait les étudiants révoltés qui parlaient de ce samedi perdu à cause de l'examen à reprendre.

—Moi, je travaille le samedi, disait une fille à son amie. Comment je vais m'organiser? Mon gérant ne sera pas content et je vais perdre de l'argent!

—Et notre tournoi? Qu'est-ce qu'on va faire? se demandaient deux gars, la raquette de tennis à la main.

—Et dire qu'on avait le chalet pour la fin de semaine! C'est pas juste! s'exclamait une fille à son amie.

Plus il en entendait, plus Philippe avait la tête basse. Dans son impatience, il n'avait pas pensé aux autres. «En plus, ça ne m'a rien donné. Au contraire, on répétera même pas!» se dit-il, le cœur plein de remords.

Quand il se retrouva seul avec Alex, Philippe le regarda d'un air piteux.

—Je peux te demander quelque chose? murmura-t-il, les mains dans les poches.

—Aie pas peur. Je ne le dirai à personne! Mais tu parles d'une connerie! Ouais... à te voir je pense que tu as compris!... J'espère qu'au moins, il est bon, ton solo de guitare! dit-il, ne pouvant retenir un grand éclat de rire.

Philippe le regarda d'un œil mauvais. Il ne trouvait pas ça drôle, lui. 🖐

## Penser aux conséquences

Il arrive qu'on ne réfléchisse pas avant d'agir, surtout lorsqu'on est impatient d'obtenir ou de faire quelque chose. On est alors tellement absorbé par nos pensées qu'on oublie les conséquences de nos gestes. On ne voit pas que les autres ont aussi des projets et que nos actions peuvent les affecter. Si nous avons incommodé les autres, il est important de tenter d'en réduire les conséquences en expliquant notre comportement ou en demandant ce que l'on peut faire pour en diminuer les effets.

Actuellement, notre société met beaucoup d'emphase sur les besoins individuels et l'on n'a pas toujours appris à considérer les besoins des autres, à respecter leurs attentes et à penser à leur bien-être. Mais nous dépendons tous les uns des autres et vivre en société implique certaines exigences (le respect, la collaboration, la compréhension, la capacité de se mettre à la place des autres, etc.). ★

# De la bière, des chips et Dracula

Le vendredi soir, la veille de la fête de fin d'année, il y avait de l'électricité dans l'air. Surtout dans le sous-sol chez Alex. Ses parents étaient sortis faire des courses avec sa sœur et il avait la maison quelques heures, le temps d'une dernière répétition. Philippe et Karim avaient apporté leurs instruments de musique et ils s'en donnaient à cœur joie.

—On devrait inviter Dave et Julien pour savoir ce qu'ils en pensent, dit Karim.

—Oui, mais faisons vite, dit Alex en pensant au retour de ses parents.

Une demi-heure plus tard, leurs amis arrivaient avec des caisses de bières, des chips en quantité industrielle et une surprise : ils étaient accompagnés de Clara, Valérie, Jack, Marie-Ève et Isabelle. En voyant tout ce monde et toute cette bière, Alex eut un choc. Que diraient ses parents ? Immédiatement, il invita ses amis au sous-sol. Il n'y avait pas de temps à perdre.

Ils s'assirent par terre, devant les musiciens, jacassant

comme des pies, buvant de la bière et éparpillant des miettes de chips sur le tapis.

—On joue deux morceaux et on arrête. J'ai pas envie d'avoir mes parents sur le dos toute la semaine, chuchota Alex à Philippe et Karim.

La guitare de Philippe donna le signal de départ et tout le monde se mit à danser sans se soucier des tables et des chaises renversées. Tendu, Alex regardait la scène. Il battait sur ses caisses avec tant de force qu'il n'entendit pas ses parents rentrer.

—Alex, qu'est-ce qui se passe ici? cria sa mère qui venait d'apparaître dans l'escalier.

La musique s'arrêta brusquement, les bouteilles de bière disparurent derrière le divan ou sous la table de ping-pong. Alex, d'un coup d'œil, évalua les dégâts. Il sentit que le plus urgent était de tout ramasser et de quitter les lieux.

—C'est pas grave, je vais tout nettoyer. Et puis on avait fini. On parlait justement d'aller se promener, dit-il à sa mère.
—C'est pas de sa faute, Louise, c'est moi qui ai eu l'idée, dit Karim. On va tout remettre en ordre.
—Alex, on en reparlera demain, lança sa mère avant de remonter les escaliers.

Pendant que les uns replaçaient les tables et les chaises, les autres, accroupis comme des cueilleurs de fraises, ramassaient les miettes sur le tapis. Rarement ménage n'avait été fait si rapidement.

Dehors, la nuit était belle et chaude. En quête d'un nouvel endroit pour continuer cette fête improvisée, ils marchaient, les caisses de bière et les sacs de chips se balançant au bout de leurs bras.

—Il y a le cimetière à deux coins de rue, lança Isabelle.
—Génial. On y va ! dit Jack.

La porte était cadenassée, mais la clôture n'était pas bien haute et ils l'enjambèrent. Ils remontèrent une allée, à la recherche du coin idéal.

—Avec tous ces morts-là, n'importe quel endroit devrait être tranquille, vous ne pensez pas ? dit Dave avec un petit rire nerveux.

Ils n'avaient pas trop pensé à ça. Un silence d'enterrement plana. Karim, le premier, reprit son sang froid.

—Des morts, par définition, c'est des morts ! Ils devraient pas nous gêner. Tiens, asseyons-nous là-bas au pied de l'arbre.

Certains à petits pas, d'autres avec assurance —l'alcool aidant —la bande se dirigea vers l'érable. Au détour d'une allée, ils découvrirent une tombe toute fleurie. Le mort venait d'être enterré.

—Moi je m'en vais, dit Clara. J'aime pas les cimetières.
—Tu vas le traverser toute seule ? Il y a plein de mains qui peuvent sortir de terre n'importe quand et t'attraper les jambes ! dit Dave en lui agrippant le mollet.

En criant, Clara se jeta dans les bras de Julien.

—Arrête ! dit Valérie qui commençait à faiblir.
—Si on veut passer la soirée ici, il va falloir se calmer les nerfs, dit Karim. Dave, arrête tes conneries.

Assis au pied de l'arbre, ils ouvrirent de nouvelles bouteilles avec soulagement. Jack qui pensait à l'examen de français qu'il avait peut-être coulé, et envahi par l'impression que tout allait mal dans sa vie, buvait à grandes gorgées. Quant aux autres, ils ne se faisaient pas prier non plus. Seule Clara ne buvait pas.

Quelques bières plus tard, l'angoisse s'était transformée en audace. Chacun y allait de son histoire macabre.

—Savez-vous qu'à l'époque de la grippe espagnole, ceux qui en étaient atteints arrêtaient de respirer pendant quelques jours ? raconta Karim. Et comme on les croyait morts et qu'on ne faisait pas d'autopsie dans ce temps-là, des gens ont été enterrés vivants. On s'en est aperçu quand on a déménagé un cimetière et qu'on a ouvert des tombes : plusieurs s'étaient rongé les mains et les bras pour essayer de survivre.

—C'est dégueulasse! dit Alex qui avait le cœur au bord des lèvres.

—Croyez-vous aux fantômes ? demanda Marie-Ève qui avait oublié qu'elle en avait une peur bleue.

À peine avait-elle posé cette question que deux mains agrippèrent son cou. Elle se mit à crier et à se débattre.

—Calme-toi, c'est moi, dit Dave en lui entourant les épaules de son bras pour la rassurer. Je ne pensais pas que je pouvais te faire tant d'effet.

Valérie lui jeta un regard qui en disait long.

—On devrait jouer à la cachette, suggéra Clara.

Jack, qui vidait ses bières aussi rapidement qu'un évier se débarrasse de son eau, se sentait plein de courage malgré ses jambes toutes molles et sa tête embrouillée comme un vieil écran de télévision. Il s'offrit comme premier chercheur. Les joueurs se dispersèrent en imitant les hurlements du loup et le cri du fantôme.

Isabelle, enhardie par l'alcool et curieuse d'en connaître l'effet, décida de faire l'essai de l'acide qu'elle s'était procuré la veille. Elle en offrit à Marie-Ève qui, les yeux ronds d'étonnement, refusa. Isabelle s'éloigna et avala un « cap » avec une gorgée de bière. Puis, elle partit à la recherche d'un coin inspirant.

Plusieurs minutes plus tard, Karim qui s'était caché seul commençait à trouver le temps long. À quelques mètres, il voyait Julien et Clara qui n'avaient pas encore été découverts eux non plus ; mais à les voir s'embrasser, ils ne semblaient pas trop s'en plaindre. Il se leva et vit Philippe et Marie-Ève accroupis derrière une pierre tombale, Dave et Valérie derrière une touffe de rosiers sauvages et Alex allongé sur une tombe, faisant le mort et commençant à s'impatienter.

—Je vais voir ce qui se passe, souffla Karim en passant près d'Alex.

Soudain, on entendit un cri aigu.

—Vite, venez voir, criait Karim. Jack est sans connaissance. Je lui parle et il répond pas.

La panique s'empara du groupe. Les plus énervés parlaient de Dracula, les autres parlaient d'ambulance.

—Poussez-vous, je vais l'examiner, dit Clara qui avait encore toute sa tête et se rappelait ses notions de secourisme. Mon Dieu, on dirait que du sang coule de sa bouche, donnez-moi une allumette.

Elle le regarda plus attentivement.

—Il s'est fendu la lèvre en tombant, c'est pas grave, dit-elle, rassurante comme un médecin.

Puis elle tâta son pouls, écouta son cœur, examina sa tête.

—Toutes ses fonctions vitales semblent correctes. Il ne faut pas s'inquiéter. Pouah ! Il pue la bière à plein nez : il est complètement soûl.

Tel fut son diagnostic. Et avec assurance, elle lui administra quelques tapes sur les joues sous l'œil admiratif des autres.
Jack émit quelques sons et sembla revenir tranquillement à la vie. Il tenta alors de se relever mais il retomba aussitôt, les yeux dans le vague.

—T'es certaine ? demanda Karim. T'es sûre qu'on n'a pas besoin de le conduire à l'hôpital ?
—J'ai déjà vu quelqu'un soûl ! dit-elle amère, en pensant à son père.
—Qu'est-ce qu'on fait ? demanda Dave.
—On va le ramener chez lui et lui faire boire beaucoup d'eau, répondit Clara sèchement. Il aura moins mal à la tête demain.
—Faut pas que ses parents le voient comme ça, dit Philippe. Vous les connaissez ? Ça va faire tout un drame. On était avec lui, c'est notre ami, c'est à nous d'en prendre soin.
—Il pourrait venir chez moi, ma mère va comprendre, dit Karim… Du moins, je l'espère.
—Et t'appellerais ses parents ? demanda Valérie.
—Qu'est-ce que je vais leur dire ? paniqua Karim. Ils vont vouloir lui parler.
—Raconte-leur qu'après la marche, il est allé chez toi, qu'il a fait une indigestion et qu'il est couché, dit Alex. Il vaut mieux qu'ils ne soient pas trop surpris de le voir arriver blême demain matin.

Quelques-uns s'occupèrent de rapporter les caisses de bières vides et les sacs de chips, les autres portèrent Jack vers la sortie. Porter un corps si long et si mou par-dessus une clôture n'était pas chose facile !

—Une chance que t'étais là, je me demande ce qu'on aurait fait ? dit Julien en serrant Clara.

—Je pense qu'on aurait été pas mal embêtés. Mais on se serait débrouillés : police, ambulance et compagnie, on les aurait tous appelés d'urgence pour sauver Jack, dit Dave en donnant un coup de pied dans une pierre qui se trouvait là. Et il releva la tête en souriant.

—Mais où est Isabelle ? demanda Marie-Ève.

Un frisson traversa le groupe. Ils se regardèrent, inquiets.

—Allez voir, je reste avec Jack, dit Karim.

À nouveau, ils enjambèrent la clôture. Ils arpentèrent le cimetière de long en large en appelant Isabelle à grands cris. Elle demeurait invisible.

—Qu'est-ce qu'on fait ? demanda Dave. On appelle la police ? On appelle chez elle ?

—C'est pas possible, elle ne peut pas avoir disparu comme ça ! s'exclama Marie-Ève en sanglots.

—Quelqu'un d'autre est peut-être entré dans le cimetière ? dit Valérie.

À ces mots, la peur s'ajouta à l'inquiétude. Mais il n'était pas question d'abandonner Isabelle, il fallait qu'ils la retrouvent. Tout à coup, ils entendirent un son aigu. Ils levèrent la tête. Isabelle était perchée sur une grosse branche et les regardait en riant.

—Eh! Qu'est-ce que tu fais là? Ça fait une demi-heure qu'on te cherche! dit Philippe.

Pour toute réponse, elle se mit à rire encore plus fort et s'aventura plus loin sur la branche.

—Isabelle! bouge pas, je vais te chercher, dit Marie-Ève, se doutant que l'acide était pour quelque chose dans ce comportement bizarre.

La voyant approcher, Isabelle agita les bras, imitant les ailes d'un oiseau et s'aventurant de plus en plus loin sur la branche.

—Aidez-moi! Ça doit être l'acide qu'elle a pris, dit Marie-Ève aux autres qui suivaient la scène des yeux.

—De l'acide? Il ne manquait plus que ça! s'exclama Alex. Qu'est-ce qui lui a pris d'avaler cette saloperie?

Et ils grimpèrent à l'arbre, les uns derrière les autres. Après de longues minutes de patience et d'appels doux, Marie-Ève avait convaincu Isabelle de revenir près du tronc et, en faisant une chaîne humaine, ils l'assistèrent dans sa descente.

À l'entrée du cimetière, Jack commençait à reprendre ses esprits mais il était toujours incapable de marcher.

—Il semble qu'Isabelle va aller dormir chez toi? dit Karim à Marie-Ève en souriant, soulagé de revoir Isabelle.

—Ils font un beau couple, vous ne trouvez pas? demanda Dave.

Et toute la bande éclata de rire en regardant Jack et Isabelle allongés sur l'herbe, les yeux perdus dans le vague. ✋

# La solidarité

La vie en société comporte beaucoup d'avantages : elle permet de se sentir moins seul, de partager des idées, des activités, de s'entraider. Elle procure un sentiment d'appartenance. Mais pour qu'un groupe existe, la solidarité entre ses membres est essentielle. La solidarité, c'est la contribution de chacun à la vie du groupe : c'est se sentir responsable des autres, se sentir concerné par ce qui leur arrive, leur apporter de l'aide lorsque nécessaire sans les juger. C'est accepter de fournir des efforts en vue de réaliser des choses en commun. C'est aussi aider les autres à ne pas dépasser certaines limites. La solidarité est importante partout : en famille, avec les amis, en amour, à l'école et au travail. ★

# Une fin d'année

Le jour de la fête de fin d'année était enfin arrivé. Il y avait de l'excitation dans l'air, mais aussi bien des doutes et des interrogations face aux changements à venir.

À midi, Karim avait terminé l'examen qu'il avait dû reprendre et il avait rejoint Philippe et Alex au gymnase pour la répétition générale. Plus l'heure avançait, plus ils étaient nerveux. Ils craignaient de ne pas être à la hauteur des attentes des étudiants.

—Ça n'a pas d'allure! Comment je ferai quand je serai musicien dans un vrai orchestre? s'inquiéta Karim en mordant dans un sandwich.

—C'est vrai? Tu veux être musicien? s'étonna Philippe qui se demanda si lui aimerait ça; il n'y avait jamais pensé.

Jack, de retour chez lui, avait mal aux cheveux suite à ses abus de la veille. Au début de l'après-midi, il avait eu la visite de Dave et ils s'étaient installés devant l'ordinateur pour affronter le géant Super Red. Comme d'habitude, malgré sa tête coulée dans le ciment, Jack battait Dave à plate couture.

—C'est injuste, dit Dave, tu connais le jeu par cœur!

—Dis plutôt que j'ai plus de génie que toi! répondit Jack en lui donnant une tape sur l'épaule.

—De toute façon, ça ne me fait rien, c'est pas mon domaine. Moi, c'est la recherche qui m'intéresse.

—La recherche de quoi ?

—Je ne sais pas, je cherche ! répondit Dave en éclatant de rire.

Ils commencèrent une autre partie.

—Je me demande s'il y aura beaucoup de monde à la soirée, soupira Jack.

Dave profita de la distraction de Jack pour vaincre le géant.

Au même moment, les filles étaient réunies chez Isabelle. Elles étaient entassées sur le lit ; Clara et Marie-Ève assises, Valérie et Isabelle allongées sur le dos.

—Qu'est-ce que vous faites cet été ? demanda Valérie. Moi, je voudrais aller apprendre l'anglais à Vancouver mais mon père dit qu'on n'a pas assez d'argent.

—J'ai donné mon curriculum vitae à une boutique de vêtements, répondit Clara. J'espère que ça marchera. Je n'aurai pas à toujours demander de l'argent à mes parents.

Isabelle se tourna sur le ventre en repoussant ses cheveux vers l'arrière :

—Moi, ce qui m'inquiète, c'est pas les vacances, c'est ce que je ferai plus tard. C'est pas facile. Comment savoir ce que j'aimerais faire, j'ai jamais rien fait ! Ces temps-ci, quand je vais quelque part, je regarde les autres travailler en me demandant si j'aimerais ça, mais j'ai pas encore trouvé. Peut-être le journalisme... Mais comment devient-on journaliste ?

—Moi, l'année prochaine, dit Valérie, je voudrais voyager avec Dave, aller dans d'autres pays. En Inde, par exemple. Quand j'aurai terminé mes études, je ne pourrai plus. Je devrai travailler. Voyager, ça m'aiderait à mieux me connaître, à savoir ce que je veux faire plus tard. Mais je n'ai pas d'argent et je suis trop jeune. Mes parents ne me laisseront pas partir, ajouta-t-elle déçue en faisant une énorme bulle avec sa gomme.

—Même si on trouve ce qu'on veut faire, on n'aura peut-être même pas de travail! dit Clara, pessimiste.

—Ah! Il faut pas commencer à se dire ça, sinon on fera rien, répondit vivement Isabelle en s'appuyant sur les coudes.

—Moi, je pense que le plus important, c'est d'étudier ce qu'on aime, dit Marie-Ève en se brossant les cheveux. Après on verra...

—Facile à dire pour toi, tu sais déjà que tu veux être entraîneur sportif! s'exclama Valérie.

—Je ferais une belle vétérinaire? demanda Clara en enfilant la robe de chambre blanche d'Isabelle.

—Vétérinaire? T'as peur des serpents! dit Isabelle en éclatant de rire.

—Y a pas que les serpents sur la terre!

—Ma mère m'a demandé si je voulais aller habiter avec elle, dit Valérie. Je vais peut-être dire oui.

—C'est trop loin! s'exclama Marie-Ève.

—Ouais... Dave dit la même chose! Mais j'aimerais bien vivre avec elle un bout de temps. Ça fait trois ans que je la vois seulement les fins de semaine. Et puis, on se verra quand même, je ne serai pas au bout du monde.

—Ça sera pas pareil, dit Isabelle. Mais si tu veux vivre un peu avec elle, c'est maintenant ou jamais. Après, tu vivras peut-être avec Dave ?

—Eh ! Pas si vite ! s'exclama Valérie avec un petit sourire en coin.

—Levez la main celles qui veulent un café et levez la jambe celles qui veulent un jus ! dit Isabelle en se jetant hors du lit.

Puis elle sortit de la chambre.

—Elle est vraiment super, Isabelle, dit Valérie.

—Oui, mais parfois elle me fait peur, dit Clara en raccrochant la robe de chambre sur la patère. Elle pense pas comme moi. Elle veut toujours changer le monde.

—C'est pas grave, ça, s'offusqua Valérie. Au contraire, vaut mieux avoir des amies qui ne pensent pas toujours comme nous, sinon on n'évoluera pas, on pensera encore de la même façon dans vingt ans.

—Moi, je me considère très chanceuse d'être son amie, dit Marie-Ève à voix basse. Surtout après ce que je lui ai fait.

—Moi, j'aurais pas pu pardonner, dit Valérie. Et même, franchement, je n'ai plus tellement confiance en toi. Je ne te laisserais pas dix minutes seule avec Dave.

—C'était un accident ! Penses-tu que je l'ai fait exprès ? Et puis, tu n'as pas à juger, répliqua Marie-Ève au bord des larmes.

—Ça c'est vrai, dit doucement Isabelle qui était revenue sans qu'elles s'en aperçoivent. Ça s'est passé entre Marie-Ève et moi, on en a parlé, c'est nous que ça regarde.

—Excuse-moi, Marie-Ève. Je ne sais pas pourquoi j'ai dit ça, dit Valérie.

—C'est parce que tu es jalouse, répondit Marie-Ève. Tu as tout le temps peur que Dave te laisse pour une autre. C'est injuste, il ne mérite pas que tu sois toujours sur son dos. Tu ne vois pas jusqu'à quel point il tient à toi?

—La tension monte ici, on dirait, dit Clara. On ferait peut-être mieux de penser à la fête.

—Wouah! J'espère qu'il y aura un gars que j'ai jamais remarqué, dit Isabelle en buvant une gorgée de café.

—Il y a le beau Karim qui te regarde tout le temps, dit Clara en clignant de l'œil.

—Karim? Es-tu sérieuse? s'exclama-t-elle en rougissant.

—Je te l'avais bien dit, hein Isabelle? s'exclama Marie-Ève.

—Comment vous vous habillez? coupa Isabelle.

—Change pas de sujet, dit Valérie.

—Quel sujet? On parlait de la fête, non?

À huit heures, le gymnase était plein. Karim donna le signal et au son de la musique, tous les danseurs se levèrent. Philippe, Alex et Karim se regardèrent en souriant, fiers de leur succès.

De l'estrade, les musiciens avaient une belle vue sur la salle. Des couples se formaient, d'autres se boudaient. Dans un coin, un petit groupe sirotait la bière apportée en douce. D'autres discutaient fort, refaisant le monde. Quelques-uns profitaient des endroits sombres pour s'embrasser. Ça sentait l'été, et la vie qui ne faisait que commencer, avec ses moments où tout semble aller de travers, mais aussi ses multitudes d'instants magiques, comme cette soirée où tout semblait possible. ✋

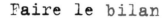

## Faire le bilan

La vie est faite d'étapes. On termine une chose, on en commence une autre. Une période de transition est un moment idéal pour réfléchir aux changements qui se sont produits en nous et autour de nous depuis un certain temps. Faire un inventaire de ce que l'on a réalisé et de ce que l'on aurait aimé réaliser aide à mieux se connaître, à identifier ce que l'on attend de la vie et à élaborer des projets pour la prochaine étape. Ceux qui nous entourent peuvent collaborer à notre bilan, en discutant des événements que l'on a vécus. Ils nous apporteront leur point de vue sur les projets que l'on souhaite réaliser et identifieront avec nous les pas à franchir pour atteindre nos objectifs. Toutefois, pour éviter des déceptions, il est important que nos objectifs correspondent à notre personnalité et à nos capacités réelles, qu'ils soient réalistes et que l'on soit prêt à consacrer les efforts nécessaires à leur accomplissement. ★

# Table des matières

**AGMV** Marquis

MEMBRE DU GROUPE SCABRINI

Québec, Canada
2000